글 잘 쓰기 위한

# 쉬운 맞춤법

이정란 지음

 버들미디어

■ 머리말

　요즘에 글쓰기라고 하면 논술을 먼저 떠올릴 만큼 논술을 중요시하고 있습니다. 대학 입학 시험의 필수이기도 한 논술을 왜 그렇게 중요시하는 걸까요?

　21세기는 창의성이 강조되는 시기입니다. 창의성은 우리의 생각에서 만들어지는 것이고, 생각은 글로 표현됩니다. 아무리 훌륭한 생각이라 하더라도 표현되지 않으면 어디에도 쓰일 수가 없습니다. 그리고 창의적인 생각은 글쓰기를 통해서 길러집니다. 따라서 글쓰기와 창의적인 생각은 서로 필수 불가결한 관계에 있어 따로 떼어놓고 생각할 수가 없는 것입니다.

　글을 쓰기 위해서는 먼저 맞춤법을 알아야 합니다. 글의 내용이나 주장이 아무리 뛰어나도 제대로 표현이 되지 않으면 죽은 글이 됩니다. 아는 것이 굉장히 많은 사람이 쓴 글을 보았는데, 맞춤법이 엉망이라고 생각해 보세요. 실제로 가끔 그런 경우를 보기도 합니다. 그러면 어쩐지 그 사람의 지식이 엉터리가 아닌가 하는 생각이 듭니다.

　우리말의 현행 맞춤법은 1988년 개정하여 1989년부터 시행된 것

3

인데, 사전마다 맞춤법을 적용하는 시각이 달라 같은 어휘를 다르게 표기하고 있는 실정입니다. 이 책에서 말하고 있는 것이 여러분이 집에 가지고 있는 사전과 다른 경우가 있을지도 모릅니다. 도대체 어떻게 된 거야? 도대체 어느 것이 바른 말이야?

바로 그런 문제를 해결하기 위해, 1991년에 국가 기관으로 정식 발족한 '국립국어연구원'이 새로운 사전의 편찬을 기획하여 1992년부터 8년에 걸쳐 정부에서 직접 편찬한 최초의 국어사전이 세상에 나오게 되었는데, 그것이 바로 〈표준국어대사전〉입니다. 이 책은 그 〈표준국어대사전〉을 기준으로 쓰여졌음을 밝혀 둡니다.

맞춤법을 다루었지만 지루함을 덜기 위해 될 수 있는 한 문법적인 용어를 줄였고, 실생활에서 흔히 접하는 경험을 현장감 있는 예문으로 들어 맞춤법을 아주 쉽게 익히도록 만들었습니다.

이 책을 읽음으로써 맞춤법의 기초를 튼튼히 하여 여러분의 뛰어난 생각이 한층 더 빛나는 글로 표현되기를 바랍니다.

# 차례

# 제1장

어휘 바로 쓰기

# 가라앉다, 갈아타다

나는 멀미가 심한 편이다. 버스를 타고 갈 때는 덜한데 승용차를 타고 시골 할머니 댁이나 먼 길 갈 때는 참기가 정말 힘들다. 지난번 추석 때는 증세가 더 심해서 속이 갈아앉을 때까지 휴게소에서 한참 쉬었다 갔다.

멀미가 심하면 차를 타기가 겁난다. 정신이 몽롱해지고, 게다가 토하는 건 얼마나 싫은가. 토하고 나면 증상이 좀 가라앉기는 하지만 거기까지 참기가 참으로 힘들다.

어떤 증세나 기운이 줄어들거나, 물에 뜬 것이 밑바닥으로 내려앉는 것을 '가라앉다'고 하는데, 셋째 줄을 보면 '갈아앉을'로 잘못 썼다.

바른 예문을 보면,

"그 사람의 화가 가라앉을 때까지 우리는 참고 기다려야 했다."

'갈아'는 무엇을 '바꾸다'의 의미를 갖고 있다. 버스를 '갈아타다', 옷을 '갈아입다', 선수를 '갈아치우다' 등처럼.

"우리는 삼성역에서 내려 버스로 갈아탔다."

"그 선수가 점수를 내지 못해 후반전에서 다른 선수로 갈아치웠다."

9

증상이 없어지는 '가라앉다'와 방법을 바꾸는 '갈아(타다)'를 잘 구분해 쓰자.

# 가름 · 갊음

월요일마다 교장 선생님이 훈화를 하시는데 훈화를 끝낼 때면 "이것으로써 오늘의 훈화를 갊음하겠습니다"라고 말씀하시는데 갊음하겠다는 말의 정확한 뜻을 잘 모르겠어요.

위 예문은 초등학교에 다니는 조카가 어느 날 내게 한 말이다.

교장 선생님의 훈화는 살아가는 데 유익한 말씀이긴 하지만 좀 따분하다 싶게 지루한 면도 있다. 게다가 아이들이 잘 쓰지 않는 '가름한다' 라든지 '바라 마지않습니다' 는 등의 말은 듣는 사람을 더 지루하게 만든다.

'가름하다' 는 따로따로 구별되게 나누는 뜻의 '가르다' 에서 파생된 말이고, '갊음하다' 는 새 것으로 바꾼다는 의미를 가진 '갈다' 에서 파생된 말이라는 것을 알아두면 혼동하지 않을 것이다.

바르게 쓰인 예문을 보면,

"이렇게 하면 네 것과 내 것을 다 가름한 셈이야."

"이것으로써 내 말을 갊음한다."

11

## 가쁘다, 가뿐하다

버스 정류장에서 내려 집으로 오는데 느낌이 이상해서 돌아다 봤더니 잘생긴 남학생이 나를 따라오고 있다가 눈이 마주치니까 웃더라. 나도 모르게 막 뛰어서 숨가뿌게 집으로 뛰어들어 가자, 엄마가 놀라 쳐다보시며 왜 그러냐고 물어봐서 추워서 그런다고 했어.

요즘 여학생들은 부끄러움이 없어서 남학생이 따라와 말을 걸어도 당황하지 않을 것 같은데 위의 여학생은 수줍음이 많은가 보다.

숨이 너무 가빠서 그랬나? 위 예문 셋째 줄의 '숨가뿌게'는 '숨 가쁘게'로 해야 옳다.

'가쁘다'와 '가뿐하다'의 차이를 알아보자.

"밥을 조금 먹으니까 몸이 가뿐하다."

"막 뛰어왔더니 숨 가쁘다."

숨은 가쁘고 몸은 가뿐하고…….

12

우리 엄마, 아빠와 같이 북한산 등산을 했다. 문수사로 해서 대남문을 지나 문수봉에 올랐는데 중간에 '깔딱고개'가 너무 가파르니까 힘이 들어 모두들 그 고갯마루에서 쉬었다 간다. 산봉오리에서 내려다본 가을산의 경치는 마치 혼인식을 앞둔 신부의 모습같이 아름다웠다.

등산을 하다 보면 어느 산이든지 경사가 유난히 급해 오르기 힘든 고개가 있다. 그런 곳에는 여지없이 깔딱고개라는 이름이 붙어 있다. 고갯마루에 앉아 바람에게 땀을 주어 버리고 다시 정상을 향해서 가면 발걸음은 한결 더 가뿐해진다.

먼저 알아볼 낱말은 '같이' 이다.

예문 첫째 줄의 '엄마, 아빠와 같이' 에서는 '함께' 라는 뜻을 가진 부사로 쓰였기 때문에 띄어 쓰지만, 넷째 줄의 '신부의 모습같이' 에서는 부사격 조사로 쓰였기 때문에 붙여 쓴다. 알다시피 조사는 명사나 대명사 등에 붙어 다른 말과의 관계를 나타내거나 주어인지, 목적격인지의 격을 나타내 주는 품사이기 때문에 낱말에 꼭 붙여서 써야 한다.

조사로 쓰이는 '같이' 는 '처럼' 과 뜻이 같다. 그런데 주의할 것은 '진주 같은 피부', '보석 같은 귀중품', '너 같은 애하고는' 등에서 보이는 '같은'은 조사가 아니라 앞의 낱말과 뒤의 낱말을 비유하는 관형어이기 때문에 띄어 쓴다는 것이다.

둘째 줄의 '가팔르니까'는 '가파르니까'로 해야 옳은 표기이다. '가파르지', '가팔라서', '가파른'으로 변화한다. '르' 불규칙 낱말로, 88쪽에서 이것에 대한 자세한 설명이 있겠다.

산의 가장 높은 곳을 '봉우리'라 한다. 셋째 줄의 '산봉오리에서'는 '산봉우리에서'로 바꿔 써야 한다. '산봉우리'는 '꽃봉오리'와 혼동이 되는 낱말이다. 기억하기 어려우면 이렇게 외워 두자.
꽃이 피기 전에 입을 오므리고 있는 꽃봉오리.
우뚝 솟은 산봉우리.

# 건더기, 걸쭉한

이웃집 할머니가 호박죽을 가져오셨는데 너무 맛있었어. 내가 좋아하는, 찹쌀로 만든 새알심이 들어 있어서 더욱더 맛있었어. 초등학교 때 급식 시간에 새알심 미역국이 나오는 날에는 반애들이 너도 나도 새알심 하나 더 달라고 당번에게 아우성이었지. 국을 먹을 때 건데기는 안 먹고 국물만 먹기 잘하는 우리 오빠는 그 맛있는 호박죽이 너무 걸쩍해서 싫다고 새알심만 골라 먹는다.

새알심은 어감이 참 좋다. 새알심, 새알심, 몇 번 발음하고 나면 예쁜 새 한 마리가 날아와 손바닥을 콕콕 찍을 것만 같다.

다섯째 줄의 '건데기'는 '건더기'가 옳은 표기이다. 국물에 있는 덩어리는 '건더기'가 옳은 표기이니 주의하도록 하자.

된장찌개를 너무 오래 끓이거나 국에 건더기가 많으면 국물이 묽지 않고 되직하다. 그런 것을 '걸쭉하다'고 한다. 위의 예문 여섯째 줄을 보면 '걸쩍하다'로 잘못 썼다. 바르게 표기한 예문을 들어 보자면,

"이 국물은 너무 걸쭉해서 먹기가 싫다."

또 말이 푸지고 상소리나 농을 많이 하는 사람들을 가리킬 때도

이 말을 쓴다. 이 경우, 어떤 사전에는 '걸찍한'이 바른 말로 되어 있지만, 〈표준국어대사전〉을 따르는 게 맞는 것이다.

"저 할머니 말씀이 아주 걸쭉하시다."

"걸쭉한 사투리가 듣기에 재미있다."

# ~것다, ~렷다

너 또 과자를 혼자만 먹었것다.

간다고 한 시간이 훨씬 지났으니 미령이 숙제 다 했것다.

네 죄를 네가 알렷다!

내가 이렇게 만들어 놓았으렷다.

조용히 앉아 있으렷다.

내일은 비가 오렷다.


'것다'나 '렷다', '으렷다'는 일상 생활에서는 잘 쓰지 않는 말투지만 간혹 장난 삼거나 혼잣말로 쓸 때가 있다. 자주 쓰지 않는 말이기 때문에 'ㅆ' 받침으로 쓰기 쉬운데 'ㅅ' 받침이 바른 표기임을 기억해 두자.

이 낱말은 어미로서 '것다', '렷다', '으렷다' 형태로만 쓰이는 특징이 있다.

잘 알았으렷다!

# 결딴나다, 껍데기·껍질

방학숙제로 한 '집 꾸미기'를 세 살짜리 사촌동생이 밟아서 결단났다!! 작년 여름에 바다에 갔을 때 주워 온 조개 껍질까지 붙여 가며 정성들여 만든 거라서 몹시 화가 났지만 철없는 것이 한 짓을 가지고 화를 낼 수도 없고……

세상에 나온 지 일년, 일 년밖에 안 된 햇병아리가 이걸 밟으면 안 되겠지 하는 판단력을 갖고 있을 리가 없지.

'결딴'은 일을 결정하고 단정하는 것을 뜻하는 '결단'과 발음이 똑같아 표기하는 데 주의해야 할 낱말이다.

일이나 물건이 망가져 쓰지 못하게 된 것을 '결딴났다'고 한다. 시계가 떨어져 못 쓰게 망가졌다든지, 부부가 화목하지 못해 가정이 깨졌을 때도 '결딴났다'는 말을 쓴다. 따라서 첫째 줄 끄트머리에 '결단났다'는 '결딴났다'로 해야 옳은 표기이다.

둘째 줄의 '조개 껍질'은 '조개 껍데기'로 써야 바른 말이다.

'껍질'과 '껍데기'의 차이점을 살펴보자.

껍질은 사과나 바나나, 나무 등 칼로 깎아 낼 수 있을 정도의 그리 딱딱하지 않은 것을 말하고, 껍데기는 호두, 잣, 조개, 달걀 등 딱딱한 겉껍데기를 말한다.

오래된 유행가 가사에 '조개 껍질 묶어 그녀의 목에 걸고 길가에 마주 앉아 밤새 속삭이네' 라는 구절이 있는데 그것 또한 '조개 껍데기 묶어……' 로 해야 맞는 말이다. '껍질' 보다 어감이나 리듬감이 떨어지긴 하지만 '껍데기' 가 바른 말임을 알아 두자.

■ 위 두 번째 행의 '구절' 에 대해서 알아보도록 하자.

"이 시구(시의 구절)의 표현이 뛰어나다."

"그 문구는 잘못된 것이다."

위의 예문에서처럼 시구, 문구 또 어구, 구절 등은 모두 '귀' 로 쓰지 않고 '구' 로 써야 바른 말이다.

단, '글' 뒤에서만 '귀' 를 써서 '글귀' 가 바른 말이다.

## 골다, 곯다, 모자라다

우리 아빠가 어젯밤 늦게 술에 취해서 친구분을 데리고 오셨는데, 그 아저씨 때문에 잠을 제대로 못 잤다.

왜냐구? 세상에, 코를 그렇게 심하게 고는 사람은 처음 봤어. 그것뿐이라면 괜찮게? 게다가 이를 뿌지직뿌지직 가는 소리는 어떻고?

엄마하고 나는 아저씨 코고는 소리와 이 가는 소리 때문에 새벽까지 뒤척였어. 대단한 코곯이에 이갈이였어. 아빠는 술에 곯아떨어져서 아무것도 모르고 주무셨대.

잠이 모자르니까 공부 시간에 꽤 졸립더라.


코를 심하게 고는 것도 모자라 이까지 가는 사람이 많다.

이를 몹시 갈고 코를 심하게 고는 남편 때문에 밤잠을 못 자던 부인이 하루는 어찌하여 외박을 하게 되었는데, 매일 들려오던 '드르렁! 뿌드득!' 소리가 들리지 않자 한잠도 못 잤다는 우스갯소리가 있다.

소음도 익숙해지면 음악이라더니!

코를 '골다.'
술이나 잠에 '곯아떨어지다.'

예문 일곱째 줄의 '대단한 코곯이'는 '대단한 코골이'라 해야 옳은 표기이고, '술에 골아떨어져서'는 '술에 곯아떨어져서'로 해야 한다. 주의할 것은 '곯다'의 발음이 '골타'라는 것.

코골이와 이갈이는 여간해서는 고쳐지지 않는 버릇이라 한다. 버릇이라고 하기에는 주변 사람을 너무 괴롭히는 것이어서 증상이라고 해야 할 듯하다.

그리고 넷째 줄의 '뿌지직뿌지직'은 화장실에서 나는 소리이다. 위에서처럼 이를 가는 소리는 '뿌드득뿌드득.'

마지막 줄의 '잠이 모자르니까'는 '잠이 모자라니까'로 해야 바른 말이다. 기본형이 '모자라다'인 낱말로서 문장에 따른 변화를 보면,

"이것 가지고는 모자라니까 더 가지고 와라."

"먹다가 모자라서 더 갖다 먹었어요."

"그것도 모자라(니)?"

"만약에 모자라면 더 사다 줄게."

# 괄시, 못지않은

"차림새가 허름하다고 괄세를 하면 안 돼. 사람은 누구나 남들 못지않는 자존심이 있는 거야."
어느 책에 나오는 말인데, 속이 차지 않은 사람일수록 빈속을 가리기 위해서 차림새를 화려하게 꾸미고 다닌다더라.

남을 업신여기는 것을 '괄세한다' 고 보통 말하는데 바른 표기는 '괄시' 이다. 예문 첫째 줄의 '괄세를 하면' 은 '괄시를 하면' 으로 표기해야 한다.

"겉보기에 시시해 보인다고 괄시를 하다니!!"

둘째 줄의 '못지않는' 은 '알맞는' 과 함께 흔히 발견되는 오류로서, 바른 표기는 각각 '못지않은' '알맞은' 이다.

"거기에 알맞은 변명이 아닌 것 같다."

"그 사람도 너 못지않은 능력이 있는 사람이야."

# 굽실거리다, 하고자, 거슬려

드라마에 나오는 박 부장처럼 상사에게 굽신굽신하는 사람은 정말 싫다. 몹시 눈에 거슬러.

자기가 하고저 하는 일이 당당하다면 상사 앞이라 해서 비굴하게 굽신거릴 필요는 없다고 생각해. 그건 윗사람에게 예의를 표하기 위해 고개 숙이는 것하고는 다른 것이야.

아부라 함은 의도적으로 남의 비위를 맞추고 알랑거리는 것이다. 예의를 표하는 것과 구분을 못할 정도로 지나친 아부는 보기 싫지만 체질적으로 성격이 명랑하여 아부하는 것처럼 보이는 사람도 있다.

첫째 줄의 '굽신굽신하는'은 '굽실굽실하는'이, 넷째 줄의 '굽신거릴 필요'는 '굽실거릴 필요'가 옳은 표기이다. '굽실거리다', '굽실대다' 역시 마찬가지로 '실'을 쓴다.

굽실거리는 사람의 허리는 실처럼 부드럽다.

■참고로 털이나 머리카락이 말린 것은 '굽슬거리다', 혹은 '굽슬굽슬하다', '곱슬곱슬하다'이다.

둘째 줄의 '눈에 거슬러'는 '눈에 거슬려'라 해야 옳다. 기본형

은 '거슬리다.'

거슬려(거슬리어), 거슬리는 등으로 변화한다.

'돈을 거슬러 받다', '뜻을 거스르지 않게', '도리를 거스르는 일이', '기슭을 거슬러 올라가' 등은 '거스르다'가 기본형인 낱말이다.

그리고 셋째 줄의 '자기가 하고저 하는 일이'에서 '하고저'는 '하고자'라고 써야 한다.

"동물인형을 만들고자 찰흙을 사왔다."

"제가 말하고자 하는 것은 바로 그것에 대해서입니다."

등에서도 '~고저'가 아니고 '~고자'라 하는 것이 옳은 표기이다.

　　지방문화재로 지정된, 아주 오래된 집을 구경하고 왔다. 우리 삼촌 친구가 그곳의 관리인으로 있어서 구석구석을 구경할 수가 있었어. 그 분은 귀 밑에서부터 턱까지 구렛나루를 길러 처음에 볼 때는 무서운 느낌을 받았는데, 얘기를 나누다 보니까 목소리가 부드럽고 말이 빠르지 않아 대하기 편했어.

　　마당 한쪽에 있는 곡간에는 옛날에 쓰던 물건들이 아주 많았어. 생전 처음 보는 것들이라서 무엇에 쓰는 건지 모르겠더라.

　　이번에는 '구렛나루' (셋째 줄)와 '곡간' (여섯째 줄)을 지적하려 한다.

　　'나룻' 은 수염을 가리키는 순수 우리말이다. '나룻' 의 ㅅ받침이 멋진 수염같이 생겼다.

　　발음하기에는 '구레나룻' 보다 '구렛나루' 가 더 매끄럽다. 하지만 멋진 수염같이 생긴 나룻이 들어간 '구레나룻' 이 바른 말이니 '구렛나루' 로 쓰지 않도록 유의하자.

　　다음에 '곳간.' 한자로는 고간(庫間).

　　마당 한쪽에 자리잡은 창고가 바로 곳간이다. 그곳에다 곡식도 보관한다. 곡식을 보관하는 곳이라는 관념이 있어서일까, '곡간' 으로 착각하기가 쉽다.

고(庫)와 간(間)이 합쳐지면서 사이에 시옷이 붙은 낱말임을 기억한다면 '곡간'으로 혼동하지 않을 것이다.

단, '사이 시옷 규정'에는 한자어끼리 만나 이루어진 낱말에는 '사이 시옷'을 쓰지 않는다. 예를 들면 초점, 소주잔 등. 그런데 두 음절로 된 곳간, 셋방, 숫자, 뒷간, 툇간, 횟수 등에서만 '사이 시옷'을 허용하고 있다.

# 귀띔, 진작에

> 내게 귀뜸 좀 해 주지 그랬니? 주연이가 할머니와 둘이 살고 있다는 사실을 난 전혀 모르고 있었어. 진즉에 알려 주었더라면 그런 실수를 하지 않았을 텐데.

첫째 줄의 '귀뜸'과 둘째 줄의 '진즉'을 지적하려 한다.

바른 표기는 '귀띔', '진작'이다.

눈에 어떤 사물이 보이는 것을 '눈에 띔'이라고 말하듯이, 귀로 듣게끔 말을 해주는 것을 '귀띔'이라고 한 것일까?

위의 예문에서처럼 아무것도 아닌 말이 어느 사람에게는 상처가 되는 수가 있다. 타인에게 상처가 되는 말을 줄이는 것도 우정을 지키는 현명한 방법 중의 하나이다. 그것이 나아가서는 다른 사람들과의 관계를 좋게 하는 첫걸음이 된다.

> "방이 이게 뭐니? 좀 치워라, 치워. 방에서 도깨비 나오겠다. 무슨 방을 이렇게 지저분하게 해놓고 있어?"
>
> 그렇잖아도 방을 치울려고 했는데 엄마가 들어와서 잔소리하신다.
>
> "알았어요. 꼭 치울려고 하면 오셔서 뭐라고 하시더라."
>
> 난 이렇게 변명을 했지만 사실 방 치우는 건 정말 하기 싫어. 너는 어떠니? 넌 깔끔한 편이니까 그렇지 않겠지?

지저분한 방을 치우기 싫어하는 건 10대 아이들의 특성 중의 하나라고 한다. 치우기 싫으면 늘어놓지를 말든지……. 치우려 했다고 변명을 하면서도 속마음은 여전히 치우기 싫은 아이들.

셋째 줄의 '그렇잖아도' 는 '그러잖아도' 가 바른 표기이다.

'그렇다' (그러하다)와 '그러다' (그리하다)가 혼동되듯이 (234쪽 설명 참조) '그러잖아도' 도 어느 것이 바른 표기인지 혼동이 된다.

'그렇다' 는 형용사로서 상태나 모양, 성질 따위가 그와 같다, 특별한 변화가 없다는 의미를 가지고 있다. '그러다' 는 '그렇게 하다' 의 의미를 가진 동사이다.

'그렇지 않아' 를 → '그렇잖아' 로 줄여 쓸 수는 있지만 '그렇잖아도' 는 '그러잖아도' 가 바른 표기이니 '그렇잖아도' 로 쓰지 않도록 주의하길 바란다.

　셋째 줄과 다섯째 줄의 '치울려고'는 '치우려고'로 해야 된다. '~하려고'를 '~할려고'로 쓰는 사람이 참 많은데 바른 표기가 아니다. 이것은 〈쓸데없이 'ㄹ'이 붙는 경우〉이다.

# 그런데, 그런 데

우리들은 어른이 돼 본 적이 없으니까 어른들을 이해할 수 없지만, 어른들은 우리만 할 때를 이미 경험했으니까 우리를 이해할 수 있을 것 같은데 그게 아닌가 봐.

우릴 이해하기보다는 그런데 신경 쓰지 말라면서 대화조차 하려 하지 않는다.

이번에는 '그런데' 와 '그런 데' 에 대해 알아보려 한다.

'그런데' 는 '그러한데' 의 뜻을 가진 접속부사이다. 위 예문의 넷째 줄에서처럼 '그런 것' 이라는 뜻으로 말할 때와 구분을 해서 써야 한다.

이해를 돕기 위해 바르게 쓰인 예문을 들어보자.

"감기가 들었는데 옷을 그렇게 얇게 입으면 되겠니?"
"네가 감기가 든 데(것에) 유감을 표한다."
"그렇게 되었는데 네 책임이 없단 말이지."
"그렇게 된 데(것에) 네 책임이 많다는 것을 알아야지."
"그런 데(곳에) 있다가 떨어지면 크게 다친다."
"그 문제를 해결하는 데(것에) 몇 가지 방법이 있을까?"

30

쉽게 해결하는 방법이 있다.

'데'를 다른 말 즉, '것에', '일에', '곳에' 등으로 바꾸었을 때 말이 되는지를 알아보라. 바꾸어서 말이 통한다면 접속사가 아니고 의존명사로 쓰인 것이니 띄어 써야 한다.

그리고 접속사로 쓰인 경우는 문장을 맺어 보면 확인이 된다.

'감기가 들었는데 옷을 얇게 입으면'과 같은 경우,

→ 감기가 들었다. 그런데 옷을 얇게 입으면

'그렇게 되었는데 네 책임이 없단 말이지'

→ 그렇게 되었다. 그런데 네 책임이 없단 말이지.


즉, 접속사로 쓰였을 경우에는 '데'를 붙여 쓰고, 그렇지 않고 의존 명사로 쓰였을 때에는 띄어 쓴다.


이 책에서는 책이 좀더 쉽게 읽히기를 바라는 마음에서 될 수 있으면 문법 용어를 사용하지 않고 있다. 그런데 띄어 쓰기 부분은 문법 요소와 아주 밀접한 관계를 갖고 있기 때문에 문법을 아는 것이 상당히 중요하다.

이것을 도대체 붙여 써야 하는지, 띄어 써야 하는지 혼동이 될 때 그 말의 품사를 알면 거의 다 해결된다. 조사나 어미는 반드시 붙여 써야 하고, 의존명사나 관형어, 부사 등은 띄어 써야 한다.

많이 혼동되는 경우의 예를 들어 보면,

"너같이 얼굴도 예쁘고 성격이 좋은 애는 드물어."—조사
"우리 같이 가자."—부사

"그렇게 하지 말걸."—어미(ㄹ걸)
"그렇게 후회할 걸 왜 그랬어?"—의존 명사('것을'의 준말)

"얼마나 기쁜지 몰라."—어미
"걔가 누군지 나는 몰라."—어미
"이사 간 지 2년 됐어."—의존명사

"영호는 우리 모임의 대표자 격이지."—의존명사
"영호는 우리 모임의 대표자격이지."—(×)

　이렇게 문제가 되는 것들은 대부분 같은 낱말인 것처럼 보이면서 문장 상황에 따라 품사가 다른 것들이거나, 형태로 보아서 그 품사가 무엇인지 판단이 안 되는 것들이다.

　그런 것을 판단하는 데 어려움을 겪긴 하지만, 영어 낱말 중 스펠링 하나를 틀리게 썼을 때 부끄러움을 느끼듯이, 우리말을 잘못 쓰는 것에 대해서도 부끄러움을 느껴야 한다. 그런데 우린 그 반대가 된 듯하다. 그래서 '우리말을 잘못 쓸 때 부끄러움을 느끼듯이' 영어 낱말도 바르게 쓰자고 말해야 할 것을 거꾸로 말하고 있다.

# 기저귀, 눈곱

숙모는 아기 기저기 빠는 일이 가장 힘들다고 한다. 일회용 기저기를 사다 쓰시라고 하니까 일회용은 환경을 오염시킬 뿐만 아니라 조카가 아토피성 피부라서 쓸 수 없다고 한다.

그런데 아기들에겐 왜 눈꼽이 많이 끼는 걸까? 눈물이 많이 나와서 그런가?

요즘에는 생활이 바빠 모두들 일회용 기저귀를 사용하고 있다. 예전에는 기저귀 빠는 일이 참 큰일이었다. 아기를 낳을 때 엄마의 뼈마디가 다 벌어지기 때문에 뼈가 원상태를 찾을 때까지는 힘든 일을 하면 안 되는데, 기저귀를 힘 주어 짜다가 평생 손목이 아파 고생을 하는 경우도 많이 있었다.

위 예문의 '기저기'는 '기저귀'가 바른 말이다.

넷째 줄의 '눈꼽'은 '눈곱'이 바른 말이다.

부스럼이나 상처가 나면 진득한 물이 생기는데 그런 것을 '곱'이라고 한다. 눈 가장자리에 곱이 생긴 것이므로 '눈곱'이라고 한다. '눈꼽'이라고 쓰지 않도록 조심하기 바란다.

■이 기회에 눈에 관계된 낱말 몇 개를 짚고 넘어가 보자.

한두 번 본 것의 흉내를 썩 잘 내는 재주를 '눈썰미' 가 있다고 한다. 눈썹에 숱이 없는 사람은 눈썹 연필로 그리는데, '눈섭' 이라 는 글자보다 '눈썹' 이라는 글자가 더 숱이 많아 보인다. 기분이 상 할 때는 눈에 있는 살 '눈살' 을 찌푸리게 된다.

# 깍듯이, 깎다

내가 전에 우리 옆집 남학생에 대해 얘기한 적이 있지? 왜 골목길에서 자전거를 타고 가다가 내가 지나가면 일부러 내 옆으로 온다던 아이 말이야. 나한테는 그렇게 귀찮게 구는 아이가 어른들을 보면 깍듯이 인사를 해요. 우리 엄마가 '너도 어른들을 보면 창식이처럼 인사를 잘 해야 한다'고 말씀을 하실 정도야.


'깍듯이' 인사를 할 때는 머리를 많이 숙인다. 마치 키에서 머리를 '깎아 낸 듯이' 말이다.

물건 값을 깎거나 과일의 껍질을 깎을 때, '깎아지른 듯한 벼랑' 등에서는 '깎'을 쓰지만 인사를 할 때는 '깍듯이'(넷째 줄)라 해야 옳다.


■아울러 기억해 두면 좋을 낱말 '깍두기.'

우리 식탁에서 김치와 함께 빼놓을 수 없는 새콤달콤한 맛을 내는 '깍두기', 아니지 '깍두기'가 맞는 말이지. 요리를 할 때 감자나 당근 등을 깍두기 모양으로 써는 것을 '깍둑썰기'라고 한다.

'깍두기'처럼 반듯하고 '깍듯이' 인사를 하는 예절바른 사람은 다른 사람들에게 호감을 받게 마련이다.

깍두기는 원래 궁중에서 만들어진 음식이었다고 한다. 궁중에서 만들어 임금께 올렸더니 임금이 좋아하셨고, 그것이 민간으로 퍼진 것이라 한다.

# (힘)깨나, (일산)께쯤

우리 이웃집 아저씨는 덩치가 꽤 큰 것이 힘깨나 쓸 것같이 생긴 반면에 아줌마는 몸이 가는 것이 얼마나 약하게 생겼는지 그 아줌마, 아저씨를 보면 저절로 웃음이 나와.

그런데 그 집 애들은 정반대로, 여자애는 아저씨를 닮아서 덩치가 크고, 남자애는 아줌마를 닮아서 몸이 가늘어.

힘을 많이 쓸 것 같이 보인다고 할 때 '힘께나'가 아니고 '힘깨나'이다.(첫째 줄)

'께'는 '~에게'의 높임말로 '할아버지께' 혹은 '일산께쯤 갔을 것이다' 등으로 쓴다.

더러는 '힘꽤나'로 쓰는 사람도 있으니 유의하자.

'꽤나'는 '매우'라는 뜻을 가진 부사어이다. '꽤 재미있다', '꽤 어렵다' 등의 표기를 그 예로 들 수 있다.

## ~ㄹ꼬, ~ㄹ쏘냐

왜 이렇게 추울고.

네가 어떻게 나를 이길소냐.

위의 예문은 구어체(말하는 투의 문장)의 문장이다. 문어체(글쓸 때 쓰는 문체)에서 흔히 쓰는 말은 아니지만 표기에 있어서는 혼동이 되는 말이어서 짚고 넘어간다.

첫째 줄의 '추울고'는 '추울꼬'로, 둘째 줄의 '이길소냐'는 '이길쏘냐'로 해야 옳은 표기이다.

■ 표기에 유의해야 할 예스러운 말투 몇 개를 더 알아보자.

쥐면 터질쎄라 불면 날아갈쎄라.

어디 한 번 해볼꺼나.

여기설라문 제발 뛰지 말아라.

위의 예문을 바르게 고치자면 이렇다.

쥐면 터질세라 불면 날아갈세라.

어디 한 번 해볼거나.

여기설랑은 제발 뛰지 말아라.

# 꼽다, 꽂다, 돼(되어)

내 조카는 초코파이만 보면 초를 꼽으려고 한다. 초코파이가 케이크로 보이나 봐. 초가 똑바르게 꼽아지지 않으니까 초코파이를 손가락으로 마구 찌르는 거야.

내가 "그렇게 하면 돼냐?" 하고 말하니까 "그럼 어떻게 하면 돼냐?" 하고 대꾸한다. 버릇 없다고 혼내야 할지 귀엽다고 봐줘야 할지 판단이 안 선다.

초코파이에 초를 꽂으려는 아기의 앙증맞은('앙징' 이 아님에 유의) 손이 떠오른다.

'꼽다' 와 '꽂다' 에 대해 알아보자.

'꼽다' 는 손가락을 구부려 수를 세는 행위를 말한다.

손 꼽아 수를 세다, 손 꼽아 기다리다, 공부 잘하기로 첫손에 꼽히는 아이 등.

'꽂다' 는 꽃을 꽃병에 꽂거나, 머리에 핀을 꽂거나, 흙에 막대기를 꽂는 등, 찔러 넣는 행위를 말한다.

따라서 위의 첫째 줄에 '초를 꼽으려고', 둘째 줄에 '꼽아지지'는 각각 '초를 꽂으려고', '꽂아지지' 로 해야 바른 표기이다.

넷째 줄의 '그렇게 하면 돼냐?' 를 살펴보자.

'돼'는 '되어'의 준말이다. '돼'를 '되어'로 바꿔 보자.

'그렇게 하면 돼냐?' → '그렇게 하면 되어냐?'

말이 되지 않는다. 바른 표기는 '그렇게 하면 되냐?' 혹은 '그렇게 하면 돼(되어)?'이다.

과거형으로 쓰일 때, 예를 들어

'그렇게 하면 됐을까?', '그렇게 하면 됐지.'에서 '됐'은 '되었'과 같은 말이므로 과거문에 쓰일 때는 '됐'이 옳은 표기이다.

'되'와 '돼'는 아주 많이 혼동하는 낱말이니 특히 주의하기 바란다. '안 돼'를 '안 되'로 잘못 쓰는 경우도 많다.

# 끼어 팔다, 약삭빠르다

> 엄마가 시장에 다녀오셨는데 반찬거리보다 물건을 사면 끼워
> 주는 그릇이 더 많더라. 어른들은 공짜를 너무 좋아해. 반찬 그릇
> 이 많이 있는데도 그릇을 끼워 준다고 하면 물건을 사니 말이야.
> 그렇게 하면 장사가 더 잘 되니까 상인들도 그렇게 파는 거겠지?
> 난 그런 게 왠지 약싹바른 거 같아서 싫더라.

백화점이나 시장, 슈퍼에서 물건 하나를 사면 그것에 덧붙여 그
릇이나 다른 상품을 하나 더 주는 '끼어 팔기' 판매술이 성행하고
있다. 주부들은 그릇을 공짜로 얻는 것 같아 생각 없이 사는데 따
져 보면 물건값에 끼어 파는 그릇 값이 포함되어 있다.

예문 첫째 줄의 '끼워 주는'은 '끼어 주는'이 맞는 표기이다.
'끼우다'는 어떤 것을 빠지지 않도록 다른 것의 구멍에 끼우는 것
을 뜻한다. 단추를 구멍에 끼우거나, 구멍 난 곳에 무엇을 집어넣어
구멍을 메우는 행위.

그러므로 물건을 사면 다른 무언가를 더 주는 것은 '끼워' 파는
것이 아니라 '끼어' 파는 것이다.

그리고 다섯째 줄의 '약싹바른'의 바른 표기는 '약삭빠른.' 꾀가

있고, 눈치가 빠르다는 뜻을 가지고 있다.

　■북한말로는 '약바르다' 인 것을 재미로 알아 두자.

# 나무라다, 아/어(어미)

학교에서 선생님이 우리를 어찌나 무섭게 나무래시는지 정말 놀랬어. 평소에 그렇게 자상하시던 선생님께서 그러시니까 정말 무섭더라. 우리가 잘되기를 바래고 그러시는 건데, 우리가 잘 따르지 않았으니 우리가 잘못하긴 정말 잘못했어, 그치?

평소 자상하시던 선생님이 화가 나면 정말 무섭다. 선생님이 학생들에게 자상하게 대해 주고 학생들은 그에 맞추어 자율적으로 행동하면, 교사와 학생 사이가 더욱 돈독해질 텐데……

첫째 줄의 '나무래시는지'의 바른 표기는 '나무라시는지'이고, '놀랬어'의 바른 표기는 '놀랐어'이다. 그리고 셋째 줄의 '잘되기를 바래고'는 '잘되기를 바라고'로 해야 옳다.

'모음조화'라는 말을 많이 들어 보았을 것이다. 우리말에서는 밝은 느낌을 주는 모음(양성모음 : ㅏ, ㅑ, ㅗ, ㅛ 등) 뒤에는 밝은 느낌을 주는 모음이 따르고, 어두운 느낌을 주는 모음(음성모음 : ㅓ, ㅕ, ㅜ, ㅠ 등) 뒤에는 또 그런 느낌을 주는 모음이 따르는 관습이 있다.

예를 들어, 반짝반짝, 번쩍번쩍, 졸졸, 줄줄, 똑딱똑딱 등에서 보는 것처럼 이런 관습이나 규칙은 의성어나 의태어에서 특히 더 잘 지켜지고 있다.

위 예문의 셋째 줄의 '바래고'의 경우에도 그런 원칙이 적용되어야 한다. 어미 '아'는 양성모음 아래 붙고, '어'는 음성모음 아래 붙는 것이다.

양성모음끼리 어울린 경우를 보면, 놀라, 말아, 바라, 쏘아, 같아, 솟아, 얕아 등을 볼 수 있고, 음성모음끼리 어울린 경우를 보면, 먹어, 접어, 물어, 울어 등이 있다.

이들 말의 과거 시제를 나타낼 때도 이 규칙은 적용되어 '놀랐다, 말았다, 바랐다, 쏘았다, 같았다, 솟았다, 얕았다'가 되고, 음성모음의 경우는 '먹었다, 접었다, 물었다, 울었다'가 된다. 그런데 한 가지 'ㅣ'는 중성모음으로서 양쪽에 다 붙을 수 있다.

'놀랐어, 바랐어, 나무랐어' 등을 습관적으로 '놀랬어, 바랬어, 나무랬어' 등으로 쓰는 경우가 많은데 주의하기를……

이 규칙에 예외도 있는데 예를 들어, '아름답다'의 경우 이 규칙대로라면 '아름다와'가 되어야 하지만, 바른 표기는 '아름다워'이다. 그런 것으로 '뱉어'가 있다.

# 나부랭이, 쩨쩨하게, 창피

친구가 좀 보자는데 그깟 종이 나부랑이 가지고 되게 째째하게 굴어. 나 같으면 챙피해서 고개를 들고 다니지 못할 거야.

'종이 나부랑이'는 '종이 나부랭이'가 맞는 표기이다. '아지랑이'와 혼동이 되어서일까, '나부랑이'로 쓰는 경우가 있지만 '나부랭이'가 맞는 표기이니 유의하기 바란다.

다음은 첫줄 끝부분의 '째째하게.'
바른 표기는 '쩨쩨하게'이다.
쩨쩨한 사람은 마음이 좁다. '째째'보다는 '쩨쩨'라는 낱말이 더 좁아 보여 그런 사람을 표현하기에는 '쩨쩨'가 더 알맞다.

둘째 줄의 '챙피해서'는 '창피해서'임에 유의하자.
우스갯소리로 '챙피'는 올챙이 껍질(피)이다. 올챙이 껍질(챙피)은 주제 파악을 못 해서 '창피함'을 모른다.

# 낚아채다, 오들오들

은행 앞을 지나다가 무서운 장면을 보게 되었다. 영화나 텔레비전 뉴스에서만 보아 왔던 소매치기 현장을 본 것이다. 은행문 앞에서 서성거리던 젊은 남자가 은행에서 나오는 어느 아주머니의 지갑을 잽싸게 나꿔채 가지고 도망을 갔다. 그것을 본 순간, 내 몸이 오돌오돌 떨렸어.

넷째 줄의 '나꿔채 가지고'는 '낚아채 가지고'로 써야 바른 표기이다. '나꾸다'는 '낚다'의 잘못된 말이다. 고기를 낚는 것은 '낚시', 지갑은 '낚아채'는 것.

마지막 줄의 '오돌오돌'은 '오들오들'이 바른 표기이다.

'오돌오돌'은 깨물기에 좀 단단한, 돌같은 오돌뼈를 말할 때 쓰인다.

춥거나 무서워서 몸이 떨리는 모양을 나타내는 말은 '오들오들'이다. 그것을 크게 표현한 말로는 '우들우들'이 있다.

# 날개 돋친 듯, ~대로

내가 좋아하는 SG 워너비 CD가 나왔다는 소식을 듣자마자 가까운 음반 가게로 뛰어갔다. 그런데 이게 웬일, 다 팔리고 없다는 거야. 가게 주인이 하는 말, 갖다 놓는 즉시 날개 돋친 듯 팔리니까 예약을 하라는 거야. 할 수 없이 예약을 해놓고 드디어 오늘 받아왔다. 기대했던 데로 음악이 너무 좋더라.

셋째 줄의 '날개 돋힌 듯' 의 바른 표기는 '날개 돋친 듯' 이다.

'돋치다' 는 돋아 밖으로 내민다는 뜻으로, '뿔이나 가시가 돋치다' 등으로 쓰인다.

맨 아랫줄의 '기대했던 데로' 는 '기대했던 대로' 가 바른 말이다. 바르게 쓰인 예문을 몇 개 더 들어 보자.

"기대했던 데(장소)로 수학여행을 간다니 매우 설렌다."

"기대했던 대로 역시 좋다."

# 날다, 날아가다, 나르다

지인아, 꿈에 날라 본 적 있니? 꿈에 낭떠러지나 높은 데서 떨어지면 키가 큰다고 어른들이 말씀하시잖아. 어젯밤 꿈에 낭떠러지로 한참 떨어지다가 이럴 때 날개가 있다면 얼마나 좋을까 하는 생각을 했는데 정말 날라가게 된 거야. 아주 잠깐이었지만 새처럼 날를 수 있는 것이 얼마나 좋았는지 몰라.

날개를 갖고 싶어하는 인간의 꿈 때문에 공중을 나는 새를 부러워하고 또 비행기가 만들어졌지만 비행기를 타면 사실은 날고 있다는 실감을 못한다. 구름이 있으면 창밖으로 구름이 빠르게 지나가는 것이 보여 속도감을 느낄 수 있지만 구름이 없을 때는 공중에 그냥 가만히 있는 것 같은 느낌이다.

기차를 탔을 때를 한 번 생각해 보자. 시선을 멀리 두고 있으면 밖의 물체가 한참 눈에 머무르는 까닭에 속도감을 느끼지 못하는 것과 마찬가지이다.

예문 첫째 줄의 '날라'는 '날아'로 써야 한다. 그리고 넷째 줄의 '날라가게'는 '날아가게'가, '날를 수'는 '날 수'가 맞는 표기이다.

내 노래에 날개가 있다면
날으는 새처럼 날개가 있다면

위에서 보는 노래 가사에서 '날으는 새처럼'도 틀린 표기이다. '나는 새처럼'이라고 해야 옳다. '날으는 슈퍼맨'이라든가 '날으는 비행기'등도 '나는 슈퍼맨', '나는 비행기'로 써야 옳다.

'나르다'는 '짐을 나르는 아버지', '이 물건을 저리로 날라라' 등 짐을 나르다의 뜻이다.

■참고로 '날리다'라는 말은 세상 사람을 놀라게 하여 이름을 날리거나, 야구 선수가 홈런을 날리다, 글씨를 공을 들이지 않고 아무렇게나 날려 쓴다, 잡았던 새나 곤충을 공중으로 날리다 등에 쓰인다.

# 낭랑하다, 깃들이다

어른들은 트로트 가수들의 목소리가 낭낭하다며 좋다고 하시는데 일부러 콧소리를 내는 것 같아 나는 듣기 좀 거북하더라.

엄마가 권유해서 이번에 클래식 음악을 들어봤는데 댄스음악에서 느낄 수 없는 어떤 영혼이 깃든 것처럼 거룩하다고 할까, 그런 느낌을 받았어.

댄스음악에만 열광하는 아이들이 트로트나 클래식을 듣기 싫어하는 건 당연한 일이다.

예문 첫째 줄의 '낭낭하다'는 '낭랑하다'로 고쳐야 한다.

다음 넷째 줄의 '깃든 것'은 '깃들인 것'으로 해야 바른 표기이다.

'깃들이다'는 짐승이 보금자리를 만들어 그 속에 들어 살다, 자리잡다의 뜻을 가지고 있는 낱말이다.

다른 예문을 들어 보자.

"제비는 처마 밑에, 까치는 나무 꼭대기에 집을 짓고, 그곳에 깃들이어(깃들여) 새끼들과 함께 산다."

"바른 가치관이 깃들일 수 있도록 노력해라."

# 낯선

민지야, 나 지금 너무 놀라서 가슴이 마구 뛴다. 방금 어떤 사람이 무슨 종교를 믿으라고 찾아왔었어.

집에 혼자 있을 때 누가 문을 두드리면 긴장을 하고, 문을 열었을 때 낯설은 사람이면 덜컥 겁이 나잖아.

넷째 줄의 '낯설은'은 '낯설다'가 기본형으로서 '낯선'으로 표기해야 한다. 이와 유사하게 〈쓸데없이 ㄹ이 붙는 경우〉의 예를 들어 보면

점심을 걸르니 → 점심을 거르니

녹슬은 철사 → 녹슨 철사

재미있게 놀으니 → 재미있게 노니

얼굴이 둥글으니 → 얼굴이 둥그니

그거 모잘라 → 그거 모자라

이름을 불르면 → 이름을 부르면

아버지께 일르면 → 아버지께 이르면

시간이 너무 일르면 → 시간이 너무 이르면

소리를 질르니 → 소리를 지르니

짐을 풀르고 → 짐을 풀고

등 쉬우면서도 잘 틀리는 말이니 유의하도록.

# 너머, 넘어, 돋우다

감기에 걸려 목이 많이 아프다.

이건 나의 비밀인데, 난 알약을 못 먹어. 목구멍으로 아무리 넘기려고 해도 혀에 달라붙어서 너머가지 않는 거야. 어렸을 때 억지로 먹어 보려다가 토할 뻔한 이후로는 알약을 다시는 안 먹었어.

내가 왜 약 얘기를 하느냐 하면 너한테 퀴즈 하나 내려고 해. 사람의 식욕을 돋구는 색깔이 있는데 그게 무슨 색이게?

목구멍으로 약이 '너머' (셋째 줄)가는 게 아니고 '넘어' 가는 것이다.

'너머' 는 멀리 떨어진 저쪽, 그러니까 위치를 말하고, '넘어' 는 해가 서산으로 넘어간다든지, 쌓아둔 물건이 넘어간다, 아리랑 고개를 넘어간다 등 물건이나 사람이 움직이고 있는 상황을 나타내는 말이다.

해가 서산 너머에 있다, 아리랑 고개 너머로 간 사람 등은 고개 너머나 서산 너머 저쪽의 위치를 말하는 것이다.

사람의 식욕을 '돋우는' 색깔이 무슨 색일까?

초콜릿색이다. 그래서 초콜릿색의 약이 가장 많다고 한다. 먹고 싶지 않은 약을 먹을 때 조금이나마 식욕을 돋게 하기 위한 방법이다.

예문 여섯째 줄에 '돋구는'은 '돋우는'으로 써야 바른 말이다. 또 흔히 '화를 돋군다'고 말하는데 바른 말은 '돋우다'이다. '내 성질 돋우지 마', '새콤한 오이 무침은 식욕을 돋운다' 등이 바른 말이다.

# 널찍한, 넙적한

물을 무서워하던 내가 네 덕분에 수영을 조금 할 수 있게 되어 기쁘다. 수영장에서 보니 너 넙적다리가 꽤 가늘더라. 얼굴이 통통해서 다리가 나보다 더 굵을 줄 알았거든. 내 말이 기분 나쁘다면 미안! 너는 아마 내 말을 이해할 거야. 니 마음은 널직한 시골 마당 같잖아(이건 아부가 아님). 우리 방학하면 수영장에 자주 다니자. 수영장에서 노니까 더 친해진 느낌이야.

아주 예쁜 내용이다. 예쁜 내용의 글에서 틀린 낱말이 발견된다면 예쁜 느낌이 반감된다. 틀린 표기를 찾아보자.

둘째 줄의 '넙적다리'와 넷째 줄의 '널직한.'

바른 표기는 '넓적다리', '널찍한.'

ㄼ을 받침으로 하는 단어에서 파생된 말에 대해 알아보자.

넓다 - 널찍하다

얇다 - 얄팍하다, 얄찍하다

짧다 - 짤따랗다

위의 낱말들은 공통점이 있다. ㄼ 받침에서 ㅂ받침이 없어지면서 그 다음에 오는 말이 격음(팍)으로 혹은 된소리(찍, 따)로 바뀌었

54

다. 쉬운 변화어이니 기억하여 바르게 표기하도록 하자.

　단, 넓적한 모양을 표현하는 넓죽이, 넓적다리, 넓적하게 등은
'넓'을 그대로 쓴다.

# 네댓

너 혹시 연시 아이스크림 먹어 봤니?

연시 아이스크림이라는 말은 사실은 내가 만들어 낸 말이야. 슈퍼에서 파는 아이스크림이 아니고 가을에 딴 연시를 냉동실에 넣어 두었다가 꺼내 먹는 거야. 외할머니 댁에 갔다가 처음 먹어 봤는데 너무 맛있더라. 그래서 눈 깜짝할 사이에 너댓 개를 먹어 치웠다. 그 맛을 잊을 수가 없어.

연시를 냉동실에 넣어 두었다가 꺼내 먹으면 정말 맛있다. 언 연시를 껍질을 벗기지 않고 반으로 쪼개거나 꼭지를 떼어낸 후 숟가락으로 파 먹으면 그야말로 꿀맛이다. 물과 달리 꽁꽁 얼지 않아서 나이 드신 어른들이 드시기에 좋다.

입안에 고인 침을 삼키고 다섯째 줄의 '너댓'을 지적해야겠다. 바른 표기는 '네댓' 혹은 '너덧'이라고 해야 한다. 수를 표현하는 바른 낱말을 보자. 두세, 두서너, 서너, 네댓, 대여섯, 예닐곱, 일고여덟 등.

■참고로 '세'와 '네'는 뒤에 오는 낱말의 첫소리에 따라 달라진다.

쌀 등의 곡식을 세는 '되'와 '달' 앞에서는 '석'과 '넉'으로 변

해 석 되, 넉 되, 석 달, 넉 달이 되고, 또 금을 헤아리는 '돈' 과 곡
식을 헤아리는 '말' 앞에서는 서 돈, 너 돈, 서 말, 너 말로 변한다.
이것은 꼭 외워 두자.

　·돈, 말, 발, 푼 앞에서는 서, 너로 변하고,

　·냥, 달(되), 섬, 자 앞에서는 석, 넉으로 변한다.

　'세' 와 '네' 가 ㄷ·ㅁ·ㅂ·ㅍ, ㄴ·ㄷ·ㅅ·ㅈ 등을 첫소리로
하는 단어 앞에서 '서' 나 '너' , '석' 이나 '넉' 으로 특수하게 쓰이는
예이다.

# 놀라다, 낫다, 났다

며칠 전에 우리 이웃집 아이가 없어졌는데 자그마치 네 시간 만에 찾았어. 아줌마가 얼마나 놀랬는지 병이 다 낫다. 나도 어렸을 때 한 번 잃어 버린 적이 있었대. 그때 우리 엄마는 울면서 거리를 돌아다니며 나를 찾아다녔대.

어머니의 사랑은 정말 깊고 따스해, 그치?

둘째 줄에서 '얼마나 놀랬는지 병이 다 낫다' 를 보자.

무엇이 틀렸을까.

'놀라다' 와 '낫다' 의 과거형으로 아래와 같이 표기해야 바른 말이다.

'얼마나 놀랐는지 병이 다 났다.'

"네가 아프다고 해서 많이 놀랐다."

'놀래다' 는 '남을 놀라게 하다' 의 뜻을 가지고 있다.

"아픈 척해서 엄마를 놀래 주어야지."

'놀래다' 라는 말은 보통 '놀래키다' 라는 말로 많이 쓰지만 '놀래다(놀라게 하다)' 가 바른 말이다.

그리고 '낫다' 는 앓던 병이 좋아져 다 나은 것을 말한다.

서로 비교해 더 좋은 것도 '낫다' 이다.

"네가 여러 모로 나보다 더 낫다."

# 누룽지, 안치다, 가지러 가다

누룽갱이에 설탕을 살짝 뿌려 반으로 접어 먹으면 참 맛있다. 내가 누룽갱이를 좋아하니까 우리 엄마가 전기밥솥에 밥을 안 하고 일부러 가스레인지에 밥을 앉히신다.

누룽갱이를 가질러 주방으로 갔는데 내 간식 누룽갱이에 바퀴벌레가 기어다니고 있는 거야. 그 맛있는 누룽갱이를 징그러운 바퀴벌레에게 빼앗긴 어처구니없는 날이었지 뭐니.

전기밥솥을 주로 사용하는 요즈음엔 누룽지 먹을 기회가 별로 없다. 간식거리가 많지 않던 시절에는 누룽지가 좋은 간식거리였다. 그냥 누룽지보다 콩밥 누룽지는 한층 더 고소하다.

예문의 '누룽갱이'는 '누룽지'가 표준어, '누룽갱이', '누룽이'는 사투리이다.

참고로 누룽지에 물을 부어 먹는 밥은 눌은밥이라고 한다.

전기밥솥에 밥을 할 때는 밥을 한다고 말하지 밥을 안친다고 말하지 않는다. '안치다'라는 순수한 우리말과 전기밥솥이 잘 어울리지 않기 때문일까?

예문 셋째 줄에 '밥을 앉히신다'는 '밥을 안치신다'고 해야 바른 표기이다. '앉히다'는 사람을 앉게 하다 혹은 반장 자리에 앉히다 등의 뜻을 가지고 있는 낱말이다.

넷째 줄의 '가질러'는 '가지러'가 바른 말. 앞에서 언급한, 〈쓸데없이 ㄹ이 붙는 경우〉 중의 하나이다.

"집으로 수학 공책을 가지러 가는 중이야."

# '늘이다'와 늘리다, '~마는'과 '~만은'

> 개학이 얼마 안 남았어. 숙제가 별로 많지 않아서 숙제 밀린 것은 없지만 더 놀고 싶어. 방학을 더 늘일 수는 없는 거니? 고무줄처럼 말이야.
>
> 아쉽지만은 일찍 일어나는 습관도 들이고, 못다한 것 마무리를 해야겠지?

개학을 하여 학교 생활이 시작되면 늦잠도 잘 수 없고, 다시 긴장하며 살아야 한다. 느긋하게 살고 싶은 마음은 누구나 다 같을 것이다.

'늘이다' 는 엿이나 고무줄 같은 것을 길게 하는 것을 말한다.

수나 부피를 길게 하는 것은 '늘리다' 이다.

둘째 줄의 '방학을 더 늘일 수는' 은 '방학을 더 늘릴 수는' 으로 해야 옳다.

넷째 줄 첫 낱말 '아쉽지만은' 은 '아쉽지마는' 으로 하는 것이 바른 표기이다.

'~마는' 은 '그렇지마는(이것의 준말이 '그렇지만 이다') 의 뜻을 가진 접속사이고, '~만은' 은 앞의 말을 강조할 때 쓰인다.

"그렇게 아쉽지만은 않다." ─아쉬운 것만은 아니라는 뜻.

"그렇게만은 하지 않도록 해라." ─ '그렇게' 를 강조하는 뜻.

"너만은 내 말을 믿을 줄 알았다." ─ '너' 를 강조.


'~마는(만)' 의 바른 예로는

"갖고 싶지마는(갖고 싶다. 그렇지만) 다시 달랄 수는 없잖아."

"수업이 끝나는 종이 울렸지마는(종이 울렸다. 그렇지만) 너무 재미있는 이야기라서 우리는 계속해 달라고 졸랐다."

# 늑장부리다

선영이는 너무 늦장을 부려서 어디 같이 가려고 하면 기다리기가 너무 지루해.

시간이 얼마 안 남았는데도 서두르기는커녕 내가 보기에는 괜찮은데 입었던 옷을 벗고 다른 옷을 입곤 한다.

다시는 같이 안 갈 거라고 마음먹었는데 절대 그러지 않겠다며 교회에 같이 가자고 해서 걔네 집에 갔는데, 안 그러긴……

할 일이 있는데도 하지 않고 딴청을 부리는 것을 늑장부린다고 한다. 첫째 줄의 '늦장을 부려서'는 '늑장을 부려서'라고 해야 옳은 표기이다.

'늦다'를 생각하면 '늑장부리다'보다는 '늦장부리다'가 자연스러울 것 같지만 '늑장'이 바른 말이다. 늑장부리는 사람은 늑대와 같은 마음씨를 갖고 있나?

'늦장'은 다른 뜻이 있다. 늦게 보는 장, 늦게 시장을 가는 것을 의미한다.

64

# ~니, ~으니

우리 담임 선생님은 '그게 그렇게 좋니?' 하고 말씀하시는 습관이 있어. 그런데 '좋니?'라는 말은 틀린 것 같아. '그게 그렇게 좋으니?'라고 해야 되는 거 아닌가?

내일 마침 글짓기 시간이 들었으니 글짓기 선생님께 여쭤봐야지.

결론을 먼저 말하면 둘 다 바른 말로 인정하고 있다.

"친구가 그렇게 좋니/좋으니?"

"너희 식구들은 성격이 좋니/좋으니?"

"정화는 성격이 밝니?"

"정화는 성격이 밝으니?"

그런데 다음 예문의 경우는 그렇지 않다.

"경희가 밥을 먹니?"-( ○ )

"경희가 밥을 먹으니?"-( × )

받침이 있는 형용사일 경우에만 '~니'와 '~으니' 둘 다 바른 말로 인정하고, 받침이 없는 형용사와 동사는 '~니'만 인정하고 있다. 따라서 '책을 읽니?'는 옳고 '책을 읽으니?'는 옳지 않다.

65

이것에도 예외가 있으니, 받침이 있는 형용사 '밉다'의 경우, '내가 밉니?'와 '내가 미우니?'는 둘 다 바른 말이다.

# 님과 임

어떤 사람이 내 싸이 게시판에 올린 글을 보고 기분이 굉장히 좋았어.

"수지 님의 모습이 아주 청순해 보이네요. 우리 앞으로 1촌 맺으면 안 될까요?"

하지만 청순해 보인다며 관심을 보이는 건 좋은데, 누군지 밝히지도 않고 그러는 건 일방적이라는 생각이 들어.


'님'은 두음법칙에 의해 낱말 맨 앞에 쓸 때는 '임'으로 해야 맞다. 한용운의 시집 '님의 침묵'도 사실은 '임의 침묵'으로 해야 하지만 당시의 어법을 살려 그대로 두는 것이다. 요즘 누군가가 그 낱말을 넣어 책을 썼다면 당연히 '임을 위한 노래', '임의 이름을 부르며' 등으로 해야 옳다.

'사장님, 원장님, 총장님, 실장님'에서처럼 낱말 뒤에 붙이는 접미사로 쓰일 경우는 '님'이 맞다.

그런데 요즘에 인터넷의 가상 공간에서 상대를 높여 부를 때나 은행에서 고객을 부를 때 일반적으로 쓰이는 '님'이 있다. 이렇게 쓰는 것은 문법에 맞지 않으나 즐겨 쓰는 까닭에 표준어로 인정이 되었다.

그런 경우는 위의 예문 셋째 줄에서 보듯이 '수지 님'이라든가, '홍길동 님의 게시판을 보고' 등처럼 앞의 이름과 띄어 쓰는 게 맞다.

# 닦달, 만날, 맨숭맨숭 (맨송맨송)

우리 담임 선생님 정말 싫다. 공부든, 청소든 우리가 하는 일들을 그냥 보아 넘기지 않으시고 어찌나 닥달을 하시는지 반애들이 다 싫어해. 맨날 그러다가 어쩌다 선생님이 그러지 않는 날에는 뭔가 빠진 듯 맹숭맹숭하다니까.

사람은 간섭받기를 싫어한다. 간섭이 지나쳐서 '닦달'까지 가면 피곤한 일이다.

남을 꼼짝 못하게 닦아 세우는 것을 '닦달'이라고 한다.

둘째 줄의 '닥달'은 '닦달'이 바른 말이다.

유리를 닦으면 윤이 나듯이 사람도 윤이 나도록 행동을 닦으라는 뜻이 담겨 있는 것이다.

셋째 줄의 '맨날'은 '만날'이 바른 말.

만나서 좋은 사람은 만날 만나도 싫지 않은 법이지.

마지막 줄의 '맹숭맹숭하다니까'는 '맨숭맨숭하다니까'로 써야 바른 말이다. 혹은 '맨송맨송.'

손, 발, 머리에 '맨'이 붙으면 아무것과도 섞이지 않은 맨손, 맨발, 맨머리의 뜻이 되듯이 있어야 할 것이 없는, 또는 그러한 느낌을 나타내는 낱말이 '맨송맨송' 혹은 '맨숭맨숭' 이다.
맹하게 맹을 붙이지 않도록 주의하자.

# 단출하다

오늘 경하라는 친구 집에 갔었어. 어른들께서 저녁을 먹고 가라고 해서 저녁을 먹는데 나까지 9명이야. 단촐한 우리 집하고 분위기가 완전히 달랐어.

저녁을 다 먹고 나서 경하한테 손님이 오신 거냐고 물어봤지. 그랬더니 그게 아니고 2년 전에 할아버지 댁과 합쳐서 대가족이 되었대.

외국 사람들은 동양의 대가족 제도를 부러워한다. 어른들을 공경하고 부모에게 효행을 하는 것은 대가족 제도에서 나온 관습이다.

소가족은 보통 식구가 많아야 네댓 식구이다. 식구가 많지 않은 것을 '단출하다'고 한다.

둘째 줄의 '단촐한'은 '단출한'으로 해야 옳은 표기이다.

간편하게 차려 입은 모양을 일컬어 '단출히' 혹은 '단출하게 차려입었다'라고도 말한다.

# (힘이)달리다, (뒤에)처지다

달리기에 약한 나. 그래서 체육시간이 싫은 나.

한참 달리다 보면 숨이 차고 힘이 달려서 당장에 주저앉고 싶다. 꾹 참고 뛰어보지만 나는 항상 뒤에 쳐지고 만다.

평소에 운동을 별로 하지 않아서 그런 것 같다. 이번 방학에는 줄넘기라도 해서 체력을 좀 단련시켜야겠다. 줄넘기를 열심히 하면 키를 1cm 내지 2cm 정도는 더 크게 할 수 있다고 하거든.

나이가 지긋하면서도 젊은이 못지않게 왕성한 활동을 하는 분들의 이야기를 들으면 대개 수영이나 아침 공원에서 운동을 하면서 건강을 지켜 나간다고 한다.

여자들은 보통 체육시간을 싫어한다. 운동은 건강을 유지하거나 활동적으로 생활하기 위해서 꼭 필요한 것이지만 힘이 드니까 하기 싫어한다.

힘에 겨울 때 힘이 '딸린다'고 보통 말하지만 맞는 표기는 '달리다'이다. 운동장을 뛰는 것도 '달리다'이고 힘이 모자라는 것도 '달리다'이다. 따라서 둘째 줄의 '딸려서'는 '달려서'로 써야 옳은 표기이다.

그리고 셋째 줄의 '뒤에 쳐지고'에서 '쳐지고'는 '처지고'로 해

야 옳다. 본말은 '처지다.'

'처' 는 '치어' 의 준말이다.

"나를 쳐?"

"그 선수는 홈런을 참 잘 쳐!'

등에서 보는 것처럼.


'처' 가 쓰이는 또 다른 것으로, 어떤 행동을 함부로 하는 것을 나타낼 때 낱말 머리에 붙이는 접두사 '처' 가 있다.

예를 든다면,

처먹어, 처바르다, 처대다 등.

# 달이다, 다리다

우리 집 바로 옆에 한의원이 있어서 아침마다 한약 다리는 냄새가 코를 찌른다. 내가 그 냄새가 너무 싫다고 불평을 하니까 엄마는 보약을 안 먹고 그 냄새만 맡아도 몸이 튼튼해지는 것 같다며 좋아라 하신다.

동의보감을 지은 허준은 약초를 찾기 위해서 직접 풀을 뜯어먹어 보면서 전국 방방곡곡을 다녔다고 한다. 때로는 독초를 먹어 목숨을 빼앗길 위험에 처하면서도.

우리나라 사람들만큼 보약을 좋아하는 사람들도 드물다고 한다. 특히 남자들이 더욱 그렇고, 나이가 들수록 죽음에 대한 두려움 때문인지 '무엇' 이 몸에 좋다고 매스컴에 발표가 되면 그 '무엇' 을 찾아 전국을 돌아다니기도 한다. 옛날 어른들은 '밥이 보약' 이라며 밥 잘 먹는 것이 최고임을 강조하였다.

사람에게 가장 좋은 보약은 과연 무엇일까?

자신이 좋아하는 일을 열심히 하며 삶을 즐기는 것이 아닐까?

무엇을 은근한 불에 오래 끓이는 것을 '달인다' 고 한다.

'다리다' 는 다리미로 옷을 다릴 때 쓰는 낱말이다. 잘 구별해서 쓰자.

# 담그다, 내로라하는

지금 눈물이 앞을 가리고 있다!

놀라지 마. 슬픈 일이 있어서가 아니고 엄마가 주방에서 김치를 담고 있어서 그래.

매워서 눈에서는 눈물이 나고, 막 담은 김치 맛 볼 거 생각하니까 입에서는 침이 고인다. 내노라 하는 김치가 많이 있지만 나는 멸치 액젓을 넣고 금방 담은 우리 엄마 김치가 제일 맛있더라.

야, 이따가 다시 쓸게. 김치 맛보러 오라고 엄마가 부르셔.

김치를 양념에 버무리는 것은 '담그다'이고, 그것을 그릇에 넣는 것은 '담다'이다.

위의 예문에서는 엄마가 지금 김치를 버무리고 있는 것이므로 셋째 줄의 '(김치를) 담고 있어서'는 '담그고 있어서'라고, 여섯째 줄의 '금방 담은'은 '금방 담근'으로 해야 옳은 표기이다.

이번엔 '내로라하는'을 '내노라 하는'으로 잘못 쓴 것을 지적한다.(다섯째 줄)

그 뜻이 무엇을 잘한다고 어디다 '내놓고' 말하고 싶은 것이 아니라 바로 '내(나)로다' 하고 자신 있게 말하는 것이라는 것을 알고 나면 결코 혼동이 되지 않을 것이다.

# '~대'와 '~데', 아니라도

우리 학교 옆에 먹거리 장터가 새로 들어섰는데 1층 분식집에서 파는 떡볶이가 굉장히 맛있대. 학교 끝나고 같이 먹으러 가자. 개업하는 날 나도 가 보았는데 떡볶이가 아니래도 먹을 게 아주 많더라. 특히나 튀김이 아주 골고루 있는 게 먹음직스럽대.

학교에서 끝나고 배가 고플 때쯤, 김이 모락모락 나는 떡볶이를 보면 군침이 저절로 돌게 마련이다. '꼴깍' 침을 삼키면 '꼬르륵' 배가 기다렸다는 듯이 장단을 맞춘다.

떡볶이가 굉장히 맛있다더라, 예쁜 옷을 많이 판다더라, 소문이 그러하다더라 등등 누구한테 들어서 아는 사실을 남에게 전할 때는 '~대'를 쓴다. 예를 들어 보자.

"보아가 일본 공연에서 굉장히 인기를 끌었대."

"가수 비의 얼굴이 많이 홀쭉해졌잖아. 노래 연습을 너무 열심히 해서 그렇대."

반면에 자신이 경험해 본 것을 전할 때는

"비의 얼굴이 많이 홀쭉해졌데."

"소문대로 그 집 와플 정말 맛있데."

따라서 예문 둘째 줄의 '떡볶이가 굉장히 맛있데'는 '굉장히 맛있대' 로 해야 하고, 마지막 줄의 '먹음직스럽대' 는 '먹음직스럽데' 로 해야 옳다.

그리고 셋째줄에 '떡볶이가 아니래도' 는 '떡볶이가 아니라도' 로 해야 바른 표기이다.
'아니라도' 는 '아니어도' 의 뜻으로
"금덩어리 아니라도 괜찮아. 너의 진심이 담긴 것이라면."
"네 충고가 아니라도 나는 그렇게 했을 거야."

'아니래도' 는 '아니라고 하여도' 라는 뜻으로
"아무리 아니래도 고집을 부리는데 어떻게 해."
"네가 아니래도 내 뜻대로 하겠어."

항상 그런 것은 아니지만, 보통 'ㅐ' 는 준말일 경우에 많이 쓰인다.
'했다' 는 '하였다' 의 준말이고, 위에서 설명한 '아니래도' 는 '아니라고 하여도' 의 준말이고, '그렇대' 는 '그렇다고 해', '(식구)래야' 는 '(식구)라고 해야', '그래야' 는 '그렇게 하여야' 등.

## 더욱이, 적지 않이

길을 가다가 우연하게 유치원 다닐 때 내가 좋아하던 아이를 만났다. 눈이 마주치지 않아서 모르는 척하고 지나쳤다. 그 아이도 나를 알아보고 모르는 체 지나친 건지도 모르겠다.

집에 와서 생각해 보니 후회가 되었다. '오랜만이다' 하고 한 마디 말이라도 할걸. 더우기 내가 좋아하던 아이였는데. 좀더 적극적이지 못한 나에게 적지 아니 실망이다.

'더우기' (다섯째 줄), '적지 아니' (마지막 줄)는 '더욱이', '적지 않이' 가 바른 표기이다.

'더우기' 는 '더욱' 이라는 부사에서 비롯된 말이다. 이와 같이 명사나 부사에 '이' 가 붙어서 된 말은 그 어원을 밝혀 준다.

예를 들면,
'일찍' 에서 파생된 '일찍이'
'외톨' 에서 파생된 '외톨이'
'고즈넉하다' 에서 파생된 '고즈넉이'
'생긋' 에서 파생된 '생긋이'
'어렴풋하다' 에서 파생된 '어렴풋이'
'오뚝하다' 에서 파생된 '오뚝이'

— 카레나 오무라이스 등의 인스턴트 식품의 상표로 유명한 '오뚜기'는 잘못된 것임.

각각 '일찌기', '외토리', '고즈너기', '생그시', '어렴푸시'로 잘못 쓰이는 예가 흔하다. 〈요 주의 낱말.〉

# 덩굴, 놀, 거무튀튀한

담쟁이 덩쿨은 여름에는 짙은 초록색이 시원해 보이고, 가을에는 붉은 색깔이 너무 예뻐 보기가 좋은데, 잎이 다 지고 난 후 줄기만 담에 붙어 있는 모양은 몹시 지저분하다. 겨울에는 거무틱틱한 것이 더 추워 보이기까지 한다.

우리 며칠 전에 수업 끝나고 학교 운동장을 걸으면서 서쪽 하늘을 물들인 노을을 보았잖아. 그때 너무 멋있었어!

나는 저녁노을을 보면 마음이 너그러워진다. 친구를 미워하고, 네게 화를 냈던 일들을 떠올리면서 나의 잘못을 뉘우치고, 또 모든 사람을 다 좋아할 수 있도록 신께 기도드리고 싶어진다.

위의 예문에서 언급된 '덩쿨' (첫째 줄)과 '노을' (여섯, 일곱째 줄)은 둘 다 표준말이 아니다. 우리가 너무 흔하게 쓰는 낱말들이라서 표준어일 거라고 생각하는데 그렇지 않다. 표준말은 '덩굴' 혹은 넝쿨, '놀' 이다.

셋째 줄의 '거무틱틱한' 도 잘못 쓴 예이다. 표준어는 '거무튀튀한' 이다.

비슷한 표기로 검고 칙칙한 것은 '거무칙칙한' 이라고 한다.

〈시적 허용〉

80

시에서 사용하는 '시어'에서는 표준어가 아니더라도 운율을 맞춰 리듬감을 살리기 위해 비표준어나 시인들이 만들어 낸 조어를 허용하는데 그런 것을 '시적 허용'이라고 한다.

위에서 언급된 덩쿨이나 노을 말고 발자욱, 나래, 서러움, 눈이 나리네 등도 어감이 좋아 표준어인 '발자국', '날개', '설움', '내리네'보다도 더 애용되는 낱말들이다. 그런 낱말을 꼭 써야 한다면 굳이 나쁘다고 할 건 없지만 그것이 표준말이 아니라는 것은 알아 두어야 하겠다.

## 동그라미표, 가새표

> "다음에 맞는 말은 O, 틀린 말은 x표 하세요."

위에서 O, X를 보통 오, 엑스 혹은 동그라미표, 가위표로 읽거나
말하는데, 바른 말은 '동그라미표', '가새표'이다.
아주 사소한 것이지만 바르게 사용하도록 노력하자.

사람 심리에 대해 연구하는 일본의 심리학자 타고 아키라가 쓴
글에서 읽은, 효과적으로 기억하는 방법을 소개하겠다.

YES · YES · NO · YES · NO · NO · NO · YES · YES · NO · NO ·
NO · YES · YES · YES · YES · YES · NO · NO · NO · NO · NO ·
YES · NO · NO · YES · NO · NO · YES · NO · NO · YES

일정한 법칙 없이 나열한 위의 YES와 NO를 30초 동안 본 뒤 순
서대로 기억하라고 할 때, 제대로 기억해 내는 확률은 50%도 안 된
다. 이를 효과적으로 기억해 내는 방법이 있다.

YES · YES 군을 1, YES · NO 군을 2, NO · NO 군을 3, NO · YES
군을 4로 바꾸어 위의 것을 1, 4, 3, 4, 2, 3, 1, 1, 2, 3으로 외우면 훨
씬 많이 기억해 낼 수 있다고 한다.

이 방법을 응용하여 3개를 하나로 묶어 YES · YES · YES 군을 1, YES · YES · NO 군을 2로 엮어 외우는 방법도 있다.

# 두껍다 · 두텁다 · 낳다 · 낳다

얼마 전에 우리 외할머니께서 돌아가셨어. 나와 외할머니 사이에는 남다르게 두꺼운 정이 있어서 나는 더욱 슬펐어. 사람의 낳고 죽음은 마음대로 할 수 없는 거지만 할 수만 있다면 외할머니를 다시 살려 달라고 기도하고 싶다.

사람의 능력이 아무리 뛰어나도 해결할 수 없는 문제가 바로 나고 죽는 문제이다. 아니 이 말은 전적으로 옳다고 할 수 없다. 게놈 연구에 의해 유전자의 구조와 유전의 여러 현상이 밝혀지고, 수정체를 인공적으로 만들어 생명을 복제하는 소름 끼치는 세상이 되었으니.

끔찍한 얘기 접고 예문의 둘째 줄을 보자.

'두꺼운 정'은 '두터운 정'으로 바꿔 써야 옳다.

'두껍다'는 책이나 어떤 물건의 두께가 두껍다는 뜻이고, 우정이나 사랑이 많다는 뜻을 표현할 때는 '두텁다'가 바른 말이다. 바르게 쓰여진 예문을 보자.

"그 애와 나는 우정이 매우 두터운 사이이다."

"저 분은 인정이 두텁기로 동네에서 소문이 났다."

"아저씨는 귓밥이 참 두껍네요."

그리고 둘째 줄 끝의 '사람의 낳고 죽음은'에서 '낳고'는 '나고'로 써야 바른 표기이다. 태어남의 의미를 지닌 낱말이므로 '나고'로 써야 한다. 바르게 쓰인 예문을 보자.

"사람이 나서 죽을 때까지의 삶을 인생이라고 한다."

'낳다'는 타동사이다.

"우리 집 토끼가 새끼를 낳았다."

"그는 한국이 낳은 세계적인 바이올리니스트이다."

## 두드리다 · 두들기다, (오줌)누다

내 동생은 꼭 내가 화장실에 있을 때 와서 급하다고 문을 두들기는 버릇이 있다. 그래서 어느 때는 볼일을 다 못 보고 그냥 나온다니까. 마렵다 싶으면 화장실을 갈 것이지 왜 남이 들어가 있을 때 와서 놓는지 몰라.

물건을 세게 함부로 두드리는 것, 혹은 몹시 때리는 것을 '두들긴다'고 한다. 화장실에 누가 있는지 알아볼 때는 문을 '두드린다'고 해야 한다.

위의 예문에서는 어린 동생이 함부로 세게 두드렸으니까 두들겼다고 해도 굳이 틀린 말은 아니지만 보통은 '두드리다'로 쓴다. '두들기다'로 쓰지 않도록 유의하기 바란다.

화장실 얘기가 나온 김에 해 두어야 할 말이 있다. 왜 그런지 요즘엔 볼일 보는 것을 '눈다'고 말하지 않고 '싼다'고들 한다. 어린아이가 옷이나 이불에 실수로 눈 것을 쌌다고 하고, 화장실에서 볼일을 볼 때는 '눈다'고 해야 한다.

"경식아, 저기 화장실에 가서 오줌 싸고 와."

"엄마, 나 오줌 싸고 올게."

말이 너무 경박스럽지 않은가.

이때 바른 표현은 '눙다'가 아니고 '누다'이다. 따라서 넷째 줄의 '눙는지 몰라'는 '누는지 몰라'로 해야 바른 말이다.

앞으로는 '오줌 싸러 화장실 간다'고 하지 말고 '볼일 보고 올게', '오줌 누러 화장실 간다'고 말하자!

# 둘러메다, 서두르다

가방을 둘러매자마자 나는 엄마한테 "다녀오겠습니다" 하고 소
리를 쳤다. 그러자 엄마가 "야, 준비물 가지고 가야지." 하며 달려
오셨다. 급하게 서둘르다가 준비물을 안 가져가 낭패를 당할 뻔했
지 뭐야.

첫째 줄에 가방을 '둘러매자마자' 는 가방을 '둘러메자마자' 로
해야 바른 표기이다. '매다' 는 끈으로 매듭을 지어 묶을 때 쓰는
말이고, 어깨나 등에 물건을 올려놓는 것은 '메다.'

셋째 줄에 '급하게 서둘르다가' 는 '급하게 서두르다가' 로 써야
바른 표기이다. 이것도 〈쓸데없이 ㄹ이 붙는 경우〉.

■ 여기서 '르' 불규칙 활용에 대해 배우고 가자.

'르' 가 모음을 만나 ㄹ받침으로 줄면서 '라', '러', '리' 로 변하
는 용언(동사, 형용사)을 말한다. 그런 낱말로는 서두르다, 가파르
다, 바르다, 머무르다, 서투르다, 휘두르다, 게으르다, 누르다, 빠르
다, 고르다 등이 있다.

활용에 있어 주의할 것은 '서둘르다가' 에서 보듯이 '라', '러',
'리' 앞이 아니고서는 ㄹ받침을 붙이지 않는 것이다. '라', '러',
'리' 앞에서 ㄹ받침이 붙는 것으로는 가팔라, 머물러, 서툴러 등이
있다.

# 뒤치다꺼리, 서슴지 않다, 걸레

우리 반에 경애라는 애는 어렸을 때 엄마가 돌아가셨다고 한다. 그래서 그런지 무슨 일이 생기면 뒤치닥거리를 참 잘한다. 청소 당번인 애들이 서로 손에 물을 안 묻히려고 애를 쓸 때 경애는 서슴치 않고 걸래를 빠는가 하면 교실에서 늦게까지 남아 있다가 집에 돌아갈 때면 혹시 놓고 가는 물건이 없나 꼭 살피곤 한다. 부모님의 보살핌을 받고 자란 우리들과 다른 점이 많은 아이다.

친구들의 '뒤치다꺼리'를 잘하는 친구가 있다. 친구들이 하기 싫어하는 일을 서슴지 않고 해내기도 한다. 언니처럼.

둘째 줄의 '뒤치닥거리'는 잘못된 표기이고, 바른 표기는 '뒤치다꺼리'이다.

넷째 줄의 '걸래'는 '걸레'가 바른 표기인데 '걸래'로 잘못 쓰는 예가 흔하니 유의하자.

걸레질할 때는 도레미송이라도 불러야 덜 힘들다.

다음 '서슴지 않다'(넷째 줄)에 대해서 알아보자.

'서슴지'는 '서슴다'가 본말로서 그 부정을 나타낼 때는 '서슴'에 '지'가 붙어 '서슴지 않다'로 쓰는 게 바르다.

‘서슴지’ 가 ‘무심치’ 나 ‘다정타’, ‘허송치’ 처럼 유성음으로 끝나면서도 ‘치’ 로 되지 않는 것은, ‘무심치’, ‘다정타’, ‘허송치’ 의 본말이 각각 ‘무심하다’, ‘다정하다’, ‘허송하다’ 로 ‘하’ 가 있어 ‘하+지=치’, ‘하+다=타’ 가 되지만, ‘서슴지’ 의 본말은 ‘서슴다’ 로서 ‘하’ 가 없기 때문에 ‘서슴+지=서슴지’ 가 되기 때문이다.

■어간의 끝음절 ‘하’ 가 줄 때에 ‘치’ 로 발음이 나더라도 ‘지’ 로 적는 경우.

거북하지 → 거북지  넉넉하지 → 넉넉지
섭섭하지 → 섭섭지  익숙하지 → 익숙지
생각하다 못해 → 생각다 못해
생각하건대 → 생각건대
깨끗하지 않다 → 깨끗지 않다

■어간의 끝음절 ‘하’ 에서 ‘ㅏ’ 가 줄면서 그 다음 음절의 첫소리와 어울려 거센소리가 날 때는 거센소리로 적는다.

간편하게 → 간편케      다정하다 → 다정타
무심하지→무심치      연구하도록 → 연구토록
정결하다 → 정결타
흔하다 → 흔타

■어미 '지' 뒤에 '않' 이 어울려 '잖' 으로 될 때와 '하지' 뒤에 '않' 이 어울려 '찮' 이 될 때에는 그대로 적는다.

그렇지 않은 → 그렇잖은          적지 않은 → 적잖은
좋지 않은 → 좋잖은
만만하지 않다 → 만만찮다          변변하지 않다 → 변변찮다

## 딩구는, 쪼그리고

가을이 되면 제일 먼저 생각나는 것이 뭐니? 난 은행잎.

유치원 다닐 때의 일이다. 은행잎이 딩구는 길을 엄마와 함께 걷고 있는데 저쪽에서 쪼구리고 앉아 있던 친구가 나를 보더니 내게로 오더라. 그 친구 손에는 뭔가가 들려 있었어. 내 가까이로 온 그 친구가 손에 들었던 것을 건네 주었는데 그건 바로 아주 예쁜 은행잎이었어. 가을이 되어 은행잎이 노랗게 물들면 나는 그 아이가 생각나.

옷을 고를 때 디자인을 먼저 보는 사람은 이성적인 사람이고, 색깔을 먼저 보는 사람은 감성적인 사람이라고 한다. 색깔만큼 사람의 마음을 쉽게 움직이게 하는 것도 드물지 않을까.

노란색은 사람을 편하고 명랑하게 만드는 색깔인 것 같다. 봄볕에서 끝없이 삐약거리는 병아리를 보면 얼마나 명랑해지는가. 전날의 슬픈 일을 모두 잊어버릴 수 있을 정도이다.

끝이 없을 것만 같은 길 위에 '딩구는' 노란 은행잎을 보면 마음이 얼마나 편해지는가. 걸어도 걸어도 피곤함을 느끼지 못할 것 같은 느낌이다.

바람에 굴러다니는 은행잎은 '딩구는' (둘째 줄) 것이 아니고 '뒹구는' 것이다.

그리고 셋째 줄의 '쭈구리고'의 바른 표기는 '쭈그리고.'

■ ㅜ와 ㅡ가 헷갈리는 단어로는 아래와 같은 것들이 있다. (  ) 안의 낱말들은 바른 말이 아니다.

오므리다(오무리다), 움츠리다(움추리다), 웅크리다(웅쿠리다), 게슴츠레(게슴추레), 쭈글쭈글(쭈굴쭈굴), 그믐(그뭄), 담그다(담구다), 문을 잠그다(잠구다), 오므라이스(오무라이스), 드물다(드믈다), 어슴푸레(어슴프레), 찌푸리다(찌프리다) 등이 있다.

# 든·던, 안절부절 못하다

네가 예림이하고 화해하던 말던 내가 뭐라고 할 건 아니지만 그동안 친하게 지낸 친구이니까 서로 조금만 양보하는 게 어떻겠니? 눈치를 보니까 예림이도 화해를 하고 싶은 모양이야. 네 주위를 돌면서 안절부절하더라.

첫째 줄의 '화해하던 말던'은 '화해하든 말든'으로 해야 옳다. 선택이나 어떻든 상관이 없다는 뜻을 나타낼 때는 '든'으로 한다.

"기차든지 버스든지 네가 선택해서 타고 갔다 와."
"사과든 딸기든 알아서 골라 먹어."

위의 경우는 명사 뒤에서 선택을 나타내는 보조사로 쓰인 것이다. 다음을 보자.

"먹든지 말든지 마음대로 해라."
"있든지 가든지 어서 결정해."
"어떻게 하든 그건 네가 알아서 해."

이번에는 선택을 나타내는 어미로 쓰인 것이다.

'던' 이 쓰이는 경우를 보면,

"하던 일을 팽개치고 나가면 되겠니?"
"사용해 보니까 좋던 나쁘던?"

위에서 보는 것처럼 '던' 은 과거의 경험한 사실을 나타낼 때 쓰이는 어미이다. 그러니까 '시제' 와 관계가 있는 것이다.

마지막 줄에 '안절부절하더라' 는 '안절부절 못하더라' 로 표기해야 한다. '어쩔 줄을 모르고' 의 뜻을 가지고 있는 낱말이다.

# 들락날락, 깁스

이번 겨울 들어 처음으로 얼음이 언 날이었어. 친구 만난다고 나갔던 오빠가 성급히 뛰어들어 오더니 밖이 그렇게 추운 줄 몰랐다면서 장갑을 가지고 나가더니 얼마 안 있어서 또 들어오는 거야. 몇 번씩 들랑날랑하다가 결국 얼음 위에서 넘어져 팔에 기부스를 했단다.

들어왔다 나갔다를 반복하는 모양을 '들락날락'이라고 하는데 '들랑날랑'(넷째 줄)으로 잘못 표기하는 경우가 많다.

마지막 줄에 '기부스'는 '깁스'라고 해야 바른 표기이다. 주의해야 할 낱말이다.

■참고 : '깁스' 하면 병원이 생각나고 병원, 하면 떠오르는 것이 보통 링게르라고 말하는 주사액. 바른 표기는 '링거액.' 링게르는 독일식 발음이다.

# 들르다, 삐치다

> 우리 집에 잠깐 들렸다 같이 가자는데 아무 말도 안 하는 시현. 아까 현아하고 화장실에 갈 때 나를 쳐다보는 눈초리가 이상하더니만 둘이서만 갔다고 삐진 것 같아. 시현이는 성격은 좋은데 자주 삐지는 게 탈이야.

첫째 줄에 '들렸다'는 '들렀다'가 바른 표기이다. 기본형은 '들르다'이다.

'들르다'가 바르게 쓰인 예를 보자.

"퇴근하는 길에 약방에 들러서 약 좀 사다 주세요."

"이 근처에 왔다가 고모 생각이 나서 들렀습니다."

'들리다'가 바르게 쓰인 예를 보면,

"들리는 소문에 의하면 남자 친구가 아주 잘생겼대."

"너는 무심코 한 말이겠지만 나한테는 좋지 않게 들렸어."

셋째 줄에 '삐진 것 같아'는 '삐친 것 같아'가 바른 표기이다.

"치! 쟤는 잘도 삐치네."

# 들쭉날쭉, 싹독

사촌동생이 놀러 왔는데 앞머리가 쥐가 갉아먹은 것처럼 들쑥 날쑥해서 왜 그런 거냐고 물어보았더니 유치원 친구가 '가만히 있어봐. 내가 예쁘게 해 줄게' 하더니 가위로 싹뚝 잘랐대.

그 얘기를 듣고 나니까 유치원 다닐 때 예쁘게 한다고 내가 내 머리를 그렇게 잘랐던 기억이 떠올라 웃음이 나더라.

어린 시절, 자기 머리에 한 번쯤 가위 안 대 본 사람이 없을 것이다. 눈에 거슬리는 부분을 조금만 자르면 더 예쁠 것 같아 가위로 잘라 보지만 '싹독' 잘리는 것과 동시에 생각처럼 되지 않는다는 것을 알게 된다.

첫째 줄의 '들쑥날쑥' 의 바른 표기는 '들쭉날쭉' 이다.

그리고 셋째 줄의 '싹뚝' 은 '싹독(혹은 썩둑)' 으로 표기해야 한다.(모음의 동화)

좀더 부연해 설명하자면, ㄱ, ㅂ 받침 뒤에 나는 된소리는 같은 음절이나 비슷한 음절이 겹쳐 나는 경우가 아니면 된소리로 적지 않는다. 그 예로는 법석, 갑자기, 색시, 몹시 등이 있다.

※ 같은 음절이 겹쳐 된소리로 적는 예는 119쪽에서 설명합니다.

# 둥 · 둥(들), 갖은 (방법)

은선이가 수학 숙제 공책을 빌려간 지 이틀이 지나도록 주지 않아 3반으로 찾아갔더니, 어이가 없게도 내 이름을 화이트로 지우고 자기 이름을 써서 검사를 맡은 거야. 그때부터 나는 걔를 봐도 보는 등 마는 등 해.

그런데 은선이가 내 화를 풀어 주려고 가진 방법을 다 써 가며 접근하잖아. 마음 약한 내가 어쩌겠니? 다시는 말하고 싶지 않았지만 은선이의 노력을 봐서 마음을 푸는 수밖에.

넷째 줄의 '보는 등 마는 등'은 '보는 둥 마는 둥'으로 써야 옳은 표기이다.

어떤 행동을 하는 것도 아니고 안 하는 것도 아닌 것을 표현할 때 '좋은 둥 만 둥', '연필을 집을 둥 말 둥'으로, 혹은 말이 많음을 뜻하는 말로서 '이래라는 둥 저래라는 둥', '자기가 옳다는 둥 남이 옳다는 둥'으로 쓴다. 이것 저것 예를 들 때 쓰는 '등'이라는 낱말과 잘 구별해 쓰기 바란다.

"사과, 배, 포도, 딸기 등의 과일이 있습니다."

여기서 '등'을 '들'로 대신하는 경우도 있다. 이 경우는 물론 여러 개의 복수의 뜻을 나타내는 '들'과 다른 의존명사이므로 띄어 쓰는 것이다.

"사과, 배, 포도, 딸기 들의 과일이 있습니다."

다섯째 줄의 '가진 방법' 은 '갖은 방법' 으로 해야 옳은 표기이다.

이 말에는 가지고 있는 방법을 쓴다는 의미가 아닌 여러 가지 방법을 쓴다는 의미를 갖고 있다.

"갖은 양념을 다 써서 맛있게 만들었다."

"갖은 소리를 해 가며 사정을 했다."

"갖은 고생을 다 겪은 사람이다." 등.

'가진' 은 '갖고 있는' 의 뜻으로

"가진 것 네게 다 줄게."

"네가 가진 것이 더 좋은 거야."

"자기가 가진 것에 만족해하는 욕심 없는 사람이야."

등으로 쓴다.

# 따뜻하게, 데우다

감기가 들어 으스스 춥기에 이불을 덮고 누웠는데, 엄마가 따듯하게 덥힌 우유에 꿀을 타서 주시는 거야. 그걸 먹고 났더니 거짓말처럼 추위가 가셨어. 요즘 감기는 양심이 없는가 봐. 한 번 들어오면 나갈 줄 알아야지. 내 몸이 자기 집인 줄 안다니까. 너도 조심해.

꿀만 먹으면 명치끝이 견디기 어려울 정도로 아프다는 사람이 있다. 그래서 꿀이 진짜인지 아닌지 먹어 보면 안다고 한다.

추울 때 '따뜻하게 데운' 우유에 꿀을 타서 먹으면 추위가 가실 뿐 아니라 영양 공급도 되어 피로도 가신다.

위 예문 둘째 줄의 '따뜻하게 덥힌'은 '따뜻하게 데운'과 함께 바른 말이다. '따뜻하게'와 '따듯하게'는 모두 바른 말로 인정되고 있는 복수 표준어이다.

"어머니가 국을 따끈하게 덥혀 오셨다."

"어머니가 국을 따끈하게 데워 오셨다."

그러므로 위 예문은 둘 다 바른 문장이다. 단, 주의할 것은 '덥혀'와 '데워'를 섞어 '뎁혀'로 쓰면 안 된다는 것이다.

## 뜨개질, 날갯죽지

방학 전 가정 시간에 못다한 뜨게질을 하느라 등의 날개쭉지가 아파서 엄마한테 안마를 해달라고 했단다. 그랬더니 엄마 하시는 말씀이 '엄마 늙을 때를 대비해서 안마를 저축하는 중이다'라고 하신다. 그래서 내가 '안 그러셔도 내가 안마해 드릴 게요' 하고 답했다. 나 착하지?

잘못된 표기는 첫째 줄의 '뜨게질'과 '날개쭉지', 바른 표기는 '뜨개질'과 '날갯죽지'이다.

뜨개, 가리개, 덮개, 부침개 등 도구나 물건을 나타내는 접미사 '개'가 붙어서 된 낱말임을 기억하여 '뜨게'나 '덮게' 등으로 잘못 쓰는 일이 없도록 유의하자.

그리고 '날갯죽지'는 '날개'와 팔과 어깨의 관절을 말하는 낱말 '죽지'가 합쳐지면서 사이 시옷이 붙어 '날갯죽지'가 된 것이다.

# 띠다, 띠다

오랜만에 스케이트 타러 갔더니 잘 나가지 않더라. 게다가 날씨가 별로 춥지 않아서 얼음이 그리 단단하지 않았어. 기분이 심드렁해 있는데 내 눈에 띠는 한 사람이 있었으니…… 놀라지 마, 남자가 아니야. 아니 남자는 남잔데 70이 훨씬 넘어 보이는 할아버지야. 스케이트장 한쪽에서 마치 김연아 선수처럼 묘기를 부리더니 사람들이 쳐다보니까 두 팔을 벌려 인사까지 하더라. 멋있는 할아버지야.

요즘 김연아 선수의 파이팅의 영향으로 스케이트장을 찾는 사람이 늘었다고 한다.

'띠다' 와 '띠다' 를 구분해 보자.

'띠다' 를 써야 할 때는

"그렇게 노기를 띤 할아버지의 모습은 처음이야."

"막중한 임무를 띠고 미국으로 떠났어."

설명을 붙이자면 '띠고' 를 '가지고' 로 바꾸어도 별 무리가 없다.

이번엔 '띠다' 가 쓰인 예.

"미소를 띤 거 보니까 무슨 좋은 일이 생긴 모양이로구나."

"창훈이 오빠 눈에 띠게 멋있어졌어."

■ 참고로 '띄우다' 는

"네게 편지 띄웠는데 보았니?"

"청춘의 바다에 희망의 배를 띄우자!'

# ~라야, ~래야

생일 파티라야 별거 있니?

쫄면 넣은 떡볶이 먹은 후에 체리 슬러시 한 잔이면 좋지.

그리고 모여앉아 오순도순 얘기 나누면 되는 거지, 뭐.

첫째 줄에 '생일파티라야 별거 있니?

언뜻 보면 맞는 말인 것 같으나 '생일 파티래야 별거 있니?' 라해야 옳은 표기이다. 정확히 말하자면 '생일 파티라고 해야 별거있니' 라는 말이다.

같은 표현을 찾는다면

"아파트래야 15평밖에 안 되는 구식 아파트야."

"식구래야 두 식구뿐이지만."


'~라야' 는 사물을 지정할 때, 꼭 그러해야 함을 나타낼 때 쓰인다.

"대학 졸업자라야 응시가 가능해."

"아버지라야 그것을 해낼 수 있어."

"꼭 18세 이상이라야 들어갈 수가 있어."

# ~란, ~난

고모, 잡지를 보다 보면 독자란이 있잖아요. 어떤 잡지에는 '독자란'이라고 되어 있고, 어떤 잡지에는 '독자난'이라고 되어 있는데, 어떤 게 옳은 말이에요?

책 읽기를 꽤 좋아하는 초등학교에 다니는 조카가 어느 날 물었다. 과연 어느 말이 옳은 말일까? 답은 '광고란'이 옳은 말이다.

〈표준국어대사전〉에서 그에 대한 규정을 보면, "한자어 다음에는 '란'으로 적고, 고유어나 외래어 다음에는 '난'으로 적는다"고 되어 있다. 그와 같은 규정을 적용하는 예로 '양/량, 예/례, 요/뇨' 등이 있다.

그 규정에 따라 맞는 단어의 예를 들어 보겠다.

가정란, 독자란, 어린이난, 가십난.

노동량, 작업량, 구름양, 알칼리양.

인용례, 실례('실제의 예'를 뜻함).

지방뇨, 알칼리요(오줌을 말함)

# ~려, ~러, 꺼림칙해

너와 헤어진 후, 횡단보도를 건넜는데 앞에 어떤 사람이 서성이고 있었어. 한참 가다가 이상한 느낌에 뒤를 돌아보았는데 그 사람이 계속 나를 쳐다보고 있었나 봐. 나와 눈이 마주친 순간, 갑자기 나를 잡으려 뛰어오는 거야. 무서워서 혼났어. 아직도 기분이 몹시 께름직해.

'잡으려' (넷째 줄)와 '께름직해' (다섯째 줄)를 지적하려 한다.

우선 바른 표기를 말하자면 '잡으러', '께름칙해' 이다.

'~러' 는 그 행동을 한 직접적인 목적으로 '~기 위해' 로 바꾸어 썼을 때 뜻이 같다.

"옷이 사러(사기 위해) 시장에 갔다."

"자료 수집하러(수집하기 위해) 도서실에 갔었어."

'~려' 는 '먹으려 한다', '잡으려 한다', '때리려 든다' 처럼 '하다' 와 '들다' 밑에서만 쓰인다.

'꺼림칙하다' 는 무엇을 꺼림 즉, '꺼리는' 마음이다. 께름직으로 잘못 쓰지 않도록 주의하자. 혹은 '께름하다' 를 복수표준어로 인정하고 있으므로 '께름칙하다.'

"길거리에서 침을 칙칙 뱉는 사람은 아주 꺼림칙해(혹은 께름칙해)."

107

# 릉, 통틀어

봄소풍을 서오능으로 간다고 한다. 초등학교 때에도 몇 번 소풍을 갔던 곳이라 별로 기대가 되지 않는다. 이번 소풍은 어디로 갈까 기대를 많이 했었는데…… 우리들은 신나게 놀이 기구를 탈 수 있는 곳을 더 좋아한다. 가만히 헤아려 보니 서오능에 간 것이 통털어 다섯 번이나 된다.

왕과 왕후의 무덤을 '능'이라 한다. '능'이 낱말의 뒤에 가 붙을 때에는 '릉'이 된다. 서오릉, 서삼릉, 동구릉, 영릉, 무열왕릉, 태릉 등.

유적지는 역사를 알고 가면 감회가 깊지만 역사에 대해서 별로 흥미가 없는 어린 시절에는 구경거리 없는 따분한 곳이다. 게다가 몇 번씩 소풍을 간 곳이라면 그 기분은 이해가 된다.

위의 예문처럼 통틀어 다섯 번이나 갔다면 소풍 가는 데 흥이 나지 않을 것이다.

여기서 마지막 줄의 '통털어'는 '통틀어'가 바른 말임에 유의하자. '통틀어'는 '모두 합하여'라는 뜻을 가지고 있는 낱말로서, 수를 헤아리는 데 쓰이지 먼지를 털어내는 데 쓰이는 낱말이 아니니까 '통털어'로 적지 않도록.

# 마라

꿀을 따려거든 벌집을 차지 마라.(ㅇ)

오래 살려면 화를 자주 내지 말라.(x)


그거 그렇게 하지 마요.(ㅇ)

그거 그렇게 하지 말아요.(x)


너무 슬퍼 마라.(ㅇ)

너무 슬퍼 말아라.(x)


'마라'는 '말다'의 어간 '말'에 어미 '아라'가 붙으면서 된 말로서, 어미 '아'나 '아라'가 붙을 때에는 ㄹ이 탈락하여 '마', '마라'가 된다. 그러므로 '하지 마', '하지 마라'가 바른 말이다.

'살다'가 '살아요'나 '살아라'가 되는 것처럼 '말다'가 '말아요'나 '말아라'가 될 것 같으나 오래된 관습에 의해 '말다'는 ㄹ이 탈락하기 때문에 다른 것과 다른 특수한 낱말이라 하겠다.

그러나 "하지 말라고 했잖아."에서 '말라고'는 문장 구성이 그것과 다른 것으로 '말라고'가 맞는 말이다.

"거짓말하지 마라."

"거짓말하지 마요."

> 정민이와 나는 유치원 때부터 알고 지내온 막연한 친구 사이다. 그런데 며칠 전 사소한 오해로 인해 보름째 말도 안 할 뿐더러 길 가다 마주쳐도 못 본 체하고 지나간다. 사귄 지 오래되어 진정한 친구로 생각했는데 그게 아니었나 보다.

사랑은 변하지만 우정은 변하지 않는다는 말이 있다. 친구라는 낱말을 생각하는 것만으로도 우리 마음은 따뜻해진다. 언제 만나 이야기를 나누어도 마음 편한 친구가 있었으면 하고 바라기 전에 내가 누구에겐가 그런 친구가 되어 주고 있는가를 한 번쯤 생각해 보는 것도 필요한 일이다.

여기서 '막역한'과 '막연한'의 차이를 알아보자.

'막역한'은 허물없이 아주 친하다는 뜻이고, '막연한'은 갈피를 잡을 수 없이 아득하거나 어렴풋함을 뜻하는 낱말이다. 따라서 위 예문 첫째 줄의 '막연한 친구'는 '막역한 친구'로 써야 옳다.

"역시 우리는 막역한 친구 사이야!"

그리고 두 번째 줄의 '안 할 뿐더러'는 '안 할뿐더러'로 붙여 써야 바른 말이다.

"지영이는 공부도 잘할뿐더러 성격도 좋다."

"우리 큰아버지는 재산이 많을뿐더러 남에게 베풀기도 잘 하신다."

# 만하다, 만 하다

> 형만한 아우 없다더니, 우리 언니가 나를 감동하게 한 일이 있었다.
>
> 우리 엄마가 저녁 준비를 하실 때 나는 텔레비전을 보고 있었어. 그런데 주방 쪽에서 말소리가 들려 돌아봤더니 언니가 엄마 대신 저녁 준비를 하겠다고 엄마와 실랑이를 하고 있는 거야. 엄마가 독감에 걸려 하루 종일 누워 계셨거든.

집채만 한 바위, 집채만 한 파도, 송아지만 한 강아지 등……
이처럼 비유할 때 쓰는 낱말은 '만 하다'로 '만' 뒤를 띄어 써야 한다. '만'은 '하다', '못하다'와 함께 쓰이면서 앞말 즉 집채나 송아지에 달하는 것을 표현하는 보조사이다.
설명하기 전에 다음의 예를 한 번 보자.

"살 만하니까 그런 큰 병에 걸렸어."
"먹을 만한 것을 가지고 왜 투정이야."

위의 예문에서 '만하다'는 보조형용사로서, 붙여 써야 옳다. 이렇게 붙여 쓸 경우에는 그에 반대되는 부정의 말이 성립하지 않는다. '살 만 못하니까', '먹을 만 못한 것을'처럼 말이다.

112

그런데 '집채만 한 바위'나 '형만 한 아우'는 '집채만 못 한', '형만도 못 한'처럼 중간에 다른 말이 끼어들 수 있다. 그런 타당한 차이점이 있기 때문에 띄어 쓰는 것이 옳다.

# 망설이다가, 이래봬도

지하철 옆자리에 앉은 할머니께서 '올해 중학교에 입학하겠구나' 하고 말을 거시는 거야. 내가 중2라고 말을 할까 말까 망서리는데 할머니는 곧 이어서 '중학생이 되면 공부 더 열심히 해야지' 하시더니 머리를 쓰다듬더라.

나는 기분이 나빴지. 이래봬도 나는 중학교 2학년이고, 혼자서 고속버스를 타고 청주 이모 댁에 갔다온 적도 있단 말씀이야.


어른들은 나이를 먹는 것이 싫어서 될 수 있으면 젊게 보이려고 꽤 애를 쓰는데 아이들은 그와 반대이다. 좀더 노숙하고 어른스럽다는 말을 듣고 싶어한다. 나이는 많이 먹는다고 좋은 게 아니다. 가장 좋은 것은 자기 나이에 맞는 생각을 하고 나이값을 할 수 있는 행동을 하는 것이다.

둘째 줄의 '망서리는데'를 지적하고자 한다.

이 말은 소리가 너무 부드럽게 나는 까닭에 소리 나는 그대로 적는 사람이 의외로 많다. 표기가 잘못된 것인지 아닌지 헷갈릴 때 글씨를 써보면 틀린 단어는 왠지 보기에도 어색해 보이는데 이 단어는 어찌된 일인지 눈으로 보기에도 전혀 어색해 보이지 않는 단어이다. 하나 바른 표기는 '망설이는데.'

그리고 다섯째 줄의 '이래뵈도.'

이 단어도 마찬가지로 전혀 틀려 보이지 않는 단어이다. 이래뵈도, 이래뵈도… 도대체 뭐가 틀렸다고 그래, 맞게 썼구먼. 하지만 틀린 표기이다. 맞는 표기는 '이래봬도' 이다. 오히려 '이래봬도' 가 '이래뵈도' 보다 더 어색하지 않은가. 왜냐하면 '이래뵈도' 로 쓰는 사람이 더 많기 때문이다.

'웃어른을 만나다' 의 뜻을 가진 '뵈다' 와 '보이다' 의 활용 모양을 보면,

"내일 다시 뵈어요(봬요)."
"할아버지를 어제 뵈었어요(뵀어요)."

"눈치가 보이어(뵈어→봬) 더 이상 앉아 있을 수가 없었어요."
"선을 보이어(뵈어→봬) 드렸더니 좋아하셨어요."

'되어' 가 '돼' 로 되는 경우를 혼동하는 것과 같다.(40페이지 참조)

틀린 단어가 더 맞는 것처럼 느껴지는 말에, 문제의 정답을 말했을 때 하는 '알아맞히다' 가 있다. '알아맞추다' 로 쓰는 사람이 하도 많아서 '알아맞히다' 로 쓰면 오히려 더 무식해 보인다.

자신 있게 쓰자! '이래봬도' 와 '알아맞히다.'

머지않아 지구가 곧 멸망한다는 얘기들을 많이 한다. 노스트라다무스며 케이시 같은 유명한 예언가들이 1999년에 지구가 멸망할 것이라고 예언했다지?

예언가들의 예언은 상징적인 말로 되어 있대. 그것을 후대 사람들이 해석한 것이래. 결론적으로 해석을 어떻게 하느냐에 따라 예언의 내용이 달라질 수밖에. 그리고 이런 이야기는 999년에도 나왔던 얘기란다. 한 마디로 세기말의 불안감이 원인이 아니겠너?

정아야, 우리 불안감을 떨치고 우리들의 나침판이 항상 희망을 가리키고 있도록 잘 관리하자.


첫째 줄의 첫 낱말 '머지않아'와 '멀지 않아'의 차이점을 알아보자. '머지않다'는 시간적인 개념으로 붙여 쓰고, '멀지 않다'는 공간적인 개념을 나타내는 말로 띄어 쓴다.

"조금만 기다려. 우리도 잘살 날이 머지않았어."

"금방 도착할 거야. 멀지 않았어."


그리고 마지막 문단에 '나침판'은 '나침반'이 바른 표기이다.

이 낱말은 보통 끝말을 '판'으로 세게 발음하지만 '나침반'이 바른 표기임에 유의하도록……

116

# 목돈, 뭉텅이

평생 장사를 해서 몫돈을 모은 어느 할머니가 저금하는 방법을 몰라 항상 돈뭉텡이를 가지고 다니는 것을 본 경찰관이 할머니를 어렵게 설득하여 예금통장을 만들어 드렸다는 기사를 보았다.

기쁘기도 하고 조마조마하기도 한 기사였다. 마음 나쁜 사람이었다면 예금통장을 만들어 준다고 할머니를 속이고 돈을 가로챘을 수도 있었을 테니까……

푼돈을 모아 크게 불린 돈을 '목돈'이라고 한다. 위의 예문에서 '몫돈'이라고 잘못 썼다. '몫'이 바르게 쓰인 예를 보면,

"똑같이 나누었을 텐데 내 몫보다 네 몫이 더 많아 보인다."

"15를 5로 나누었을 때의 몫은 얼마일까?"

등이 있다.

둘째 줄의 '돈뭉텡이'의 바른 표기는 '돈뭉텅이'이다. '뭉텡이' 혹은 '뭉테기'로 잘못 쓰는 예가 많은데 바른 표기는 '뭉텅이'임을 기억해 두자.

"돈뭉텅이 하나 없는 텅텅 빈 지갑밖에 없다."

> 집에 와서 보니까 네 숟가락과 내 숟가락이 바꼈더라.
> 오늘 학교에서 먹은 비빔밥, 참 맛있었어.
> 비빔밥은 약간 짭잘해야 제맛이야. 얼마나 맛있었는지 지금도
> 입 안에 침이 고인다.

첫째 줄의 '바꼈더라' 는 '바뀌었더라' 로 해야 바른 표기이다.

기본형이 '바뀌다' 이고 '바뀌어' '바뀌니' 등으로 변화하므로 '바꼈다' 로 쓰면 안 되고 '바뀌었다' 로 써야 한다. '바꾸이다' 가 줄어 '바뀌다' 가 된 말이므로 더이상 줄여 쓰면 곤란하다.

"순서를 바꿨다고(바꾸었다고) 해도 마찬가지야."

"순서가 바뀌었다고(바꾸이었다고) 달라지는 건 없어."

■참고로 '베끼다' 를 보자. '베끼다' 는 '베끼어' '베끼니' 등으로 변화하므로

"너 내 공책 빌려가더니 숙제를 그대로 베꼈더라(베끼었더라)."

"보고서 베낀 것을 내가 모를 줄 알아?"

셋째 줄의 '약간 짭잘해야' 는 '약간 짭짤해야' 로 해야 바른 표기이다.

같은 음절이나 비슷한 음절이 겹칠 때는 같은 글자로 적는 것을 원칙으로 한다.

예를 들어 보면,

'딱딱' 소리가 난다, 아기가 '쌔쌔' 잠을 잔다, 그는 '씩씩' 거리며 들어왔다, 흥부는 '쓱싹쓱싹' 톱질을 했다, '따뜻' 한 방 안에서 쉬자, 약간 '쌉쌀' 한 맛이 난다 등이 있다.

위의 낱말들을 딱닥, 쌔색, 씩식, 쓱삭쓱삭, 쌉살한 등으로 쓰지 않도록 유의하자. '따뜻한' 과 '따듯한' 은 복수 표준어이다.

# 바치다, 받치다

집에 오는 도중에 갑자기 비가 내려 막 뛰어가는데 어떤 남학생이 우산을 바쳐 주었어. 그런데 처음 보는 남학생과 함께 우산을 쓰고 걷는 게 얼마나 쑥스럽던지 그냥 비를 맞고 뛰었어.

둘째 줄의 '우산을 바쳐'는 '우산을 받쳐'로 해야 옳은 표기이다.

'바치다'는 가지고 있는 것을 상대에게 내놓는 것을 말한다. '바치다'와 '받치다'가 쓰인 예문을 보면 좀더 구분하기 쉬울 것이다.

"나라를 위해 목숨을 바친 순국 선열들의 명복을 비는……"

"나라는 국민이 바친 세금으로 살림을 꾸려 나간다."

"비가 오면 우산을 받치고 가야 한다."

"책받침을 받치고 써야 글씨가 또렷하게 써지지."

# 받다, 드리다

오늘 책을 읽다가 좋은 구절을 발견했어. 들어 봐.

"사랑 받고 자란 사람이 사랑을 줄 줄 안다."

좋은 말이지?

오늘 이 말에 대해서 많이 생각해 봤어. 내가 친구를 좋아하고, 사람을 좋아하는 게 우리 부모님이 나를 충분히 사랑해 주신 덕분이라는 걸 깨달았어.


'받다'와 '드리다'에 대한 공부는 철자법에 관한 것이 아니라 띄어 쓰기에 관한 것이다. 어느 때는 붙이고 어느 때는 띄어 써야 하는데 그 구분이 쉽지 않다.

위의 예문 둘째 줄의 '사랑 받고'는 '사랑받고'로 붙여 써야 한다. 바르게 쓰인 다른 예문을 보면,

"그의 잘못은 너무 커서 용서받을 수 없어."

"너는 사랑받을 자격이 충분해."

이와 같은 낱말로 '강요받다', '귀염받다', '버림받다', '주목받다' 등이 있는데, 여기서 '받다'는 '당하다', '입다'의 뜻을 지니고 있다. 그리고 실제로 무엇을 받아서 손에 쥘 수 있는 것이 아닌 추상적인 것을 받는 것이다. 그러면 구체적으로 손으로 받는 물건의

경우는 어떤가 보자.

"너에게 편지 받고 얼마나 반가웠는지 몰라."
"오늘은 우리 아버지께서 월급 받는 날이다."

이처럼 실제로 주고받는 물건일 경우는 띄어 쓰고, 개념적인 사랑이나 말씀, 용서 등은 붙여서 쓴다. 그런 낱말로 '드리다'도 있다. 바른 예문을 몇 개 들어 보겠다.

"우리 할머니께서는 절에 불공드리러 가셨습니다."
"용돈 드리러 왔습니다."
"선생님께 말씀드릴 게 있어서……"
"선생님께 선물 드릴 게 있어서……"
"엄마, 전화받으세요!"―전화 왔다는 뜻.
"엄마, 전화(기) 받으세요!"―전화기를 받으라는 뜻.

# 발자국, 발짝

초지일관 자신의 뜻을 지키며 산다는 것이 참 힘들다는 것을 알았어. 그래서 그렇게 산 사람들이 존경을 받는 거야.

새해 첫날에는 발자국이 없는 눈을 처음 밟는 것처럼 새롭고 조심스러웠는데, 얼마 지나니까 결심했던 마음이 눈 녹아 없어지듯 해이해지니 말이야.

첫 발자국을 떼듯 살 수 없는 것이 보통 사람들의 한계인가.

'발자국'과 '발짝'을 구분해 보자.

'발자국'은 발의 자국, 그러니까 발로 밟아 남은 흔적을 말하고, '발짝'은 한 발 한 발 떼는 걸음을 말한다.

위에서 발자국이라는 낱말을 두 번 사용했는데 셋째 줄의 발자국은 바르게 쓰여졌고, 마지막 줄의 발자국은 '발짝'으로 써야 맞는 말이다. 발짝을 떼어 걸음을 걸은 후에야 발의 자국이 생기는 것이잖은가.

여기서 잠깐 '첫'의 띄어쓰기에 대해 알고 넘어가자.

'첫'은 '맨 처음'의 뜻을 나타내는 관형사로서 띄어 쓰지만 '첫'과 결합하여 한 낱말이 된 말로서, 첫눈, 첫닭, 첫딸, 첫마디, 첫머리, 첫맛, 첫발, 첫번, 첫사랑, 첫새벽, 첫서리, 첫손, 첫술, 첫아들,

첫인사, 첫인상, 첫째, 첫차, 첫출발, 첫해 등에서는 관사가 아니므로 띄어 쓰지 않는다는 것에 유의하기 바란다.

# 배기, 박이

전철을 타고 가다가 아주 귀여운 네 살바기 아기를 보았다. 나는 귀여운 아기만 보면 볼을 꼬집는 버릇이 있어. 초등학교 때 옆집 애기가 너무 귀여워 그 애 볼을 하도 꼬집는 바람에 아기 볼이 파랗게 멍든 적도 있었어.

첫째 줄의 '네 살바기'는 '네 살배기'라 해야 옳다.

'배기'는 '나이가 들어 있다'는 뜻을 가지고 있는 낱말이다.

배기가 쓰이는 다른 예를 보면, 알을 가지고 있는 조기라는 뜻의 '알배기 조기' 혹은 '공짜배기' 등이 있다. 또 귀의 언저리를 뜻하는 말의 '귀퉁배기'가 있다.

'바기'는 '박이'의 잘못된 표기이다. '박이'는 무언가가 박혀 있는 물건이나 사람 등의 뜻을 가지고 있다.

예를 들면 점박이, 금니박이, 차돌박이, 오이소박이 등. 점이 박혀 있으니 점박이요, 금니가 박혀 있으니 금니박이요, 오이에 소를 박았으니 오이소박이다.

한군데에 박혀 있으니 붙박이요, 한 고장에 박혀서 사니 토박이, 장승으로 박혀 있으니 장승박이이다.

125

■참고

언덕 꼭대기나 언덕의 경사가 심한 곳을 '언덕배기' 혹은 '언덕바지'라 한다. 간혹 '언덕받이'라 쓰는 사람도 있으나, '받이'는 지붕에 달려 빗물을 받아 내는 홈통을 말하는 '물받이' 등에서처럼 무엇을 받아 내는 물건에 쓰이는 낱말이다.

좀 경박한 '코빼기도 안 보인다'는 말이 있는데, 얼굴의 높은 곳이 코빼기, 그 밖에 머리빼기 이마빼기, 배가 부르게 먹고 싶어 중국 음식점에 시키는 자장면 '곱빼기.'

# 벌이다와 벌리다, (찬성)률, (선)율

특별활동 시간에 「중·고등학생들의 복장 자유화」에 대해 토론을 벌렸는데 의외로 교복 입는 것을 찬성하는 학생들이 많았다. 내가 반대하는 입장이어서 그랬을까, 반대하는 아이들이 대다수일 줄 알았다. 그렇다고 반대하는 사람이 더 적은 건 아니었다.

찬성율은 63%였다. 내 생각에는 찬성율이 못 돼도('되도'가 아닌 것에 유의·'되어도'의 준말이므로) 90% 이상 될 줄 알았다.


토론이나 가게나 어떤 일을 하는 것을 '벌이다'라고 한다.
'논쟁을 벌이다, 잔치를 벌이다, 판을 벌이다' 등등.

'벌리다'는 둘 사이를 넓히거나 틈을 생기게 하는 것을 뜻한다. 팔을 벌리다, 입을 벌리다, 틈을 벌리다, 자루를 벌리다 등처럼.
따라서 예문의 둘째 줄에 '토론을 벌렸는데'는 '토론을 벌였는데'라고 해야 옳다.

다섯째 줄의 '찬성율'의 바른 표기는 '찬성률'이다. 이것에 대해서는 설명이 좀더 필요하다.

■ ㄴ 받침이나 받침 없는 글자 뒤에서는 '율'

127

율—백분율, 할인율, 비율, 선율, 내재율, 전율, 전기전도율

■그 이외의 자음 뒤에서는 '률'로 표기한다.
률–도덕률, 사망률, 합격률, 능률, 법률, 음률, 실례(예를 들다)

■ '열'과 '렬'도 위의 규칙과 동일하다.
열—배열, 우열, 분열
렬—열렬, 횡렬, 졸렬

# 베이다, 에다

카레라이스가 먹고 싶어서 감자를 썰다가 칼에 베이고 말았다.
다행히 왼손을 다쳐서 활동하는 데 그리 불편하지 않지만 뼈를 에
이는 듯이 아프다.

능동사를 피동사나 사역동사로 만드는 '이, 히, 리, 기'가 있다.
그것과 혼동하여 '이'를 붙이지 말아야 할 때, '이'를 붙이는 경우
가 많다. 예문 둘째 줄의 '에이는'이 그런 경우이다.

예문 첫째 줄의 '베이고'는 '베다'에 '이'가 붙어 된 피동사로
맞는 표기이다. 그러나 둘째 줄에 '뼈를 에이는 듯이'는 '뼈를 에
는 듯이'로 해야 바른 표기이다. 이 외에 앞에서 이미 설명했던

날이 개이고 → 날이 개고

목이 메이는 → 목이 메는

찾아 헤매이다가 → 찾아 헤매다가

마음이 설레이네 → 마음이 설레네

(물기, 혹은 습관) 몸에 배이다 → 몸에 배다

등이 있다.

■이, 히, 리, 기가 붙어 사역이나 피동사가 된 예를 보면

먹다 → 먹이다(사역동사), 먹히다(피동사)

잡다 → 잡히다(피동사)    신다 → 신기다(사역동사)

싣다 → 실리다(피동사)    읽다 → 읽히다(피동사)

잊다 → 잊히다(피동사)


이처럼 사동이나 피동형이 되면서, 특히 '이'가 붙을 때 혼동하여 쓰이는 낱말이 있다. 아래는 화살표 오른쪽 낱말이 바른 말이다.


뉘인 → 누인(뉜), 채인 → 차인(챈), 패인 → 파인(팬)


위의 낱말이 과거 시제로 쓰일 때의 바른 예문을 보자.

"아이를 침대에 뉘었다(누이었다, 누였다)."–기본형 '누이다'

"애인한테 차였어(차이었어, 채었어)."–기본형 '차이다'

"땅이 푹 파였다(파이었다, 패었다)."–기본형 '파이다'


우리말의 과거 시제는 '었/았'을 쓰는데, '였'을 쓰는 경우는 '하이었습니다'가 줄어서 '하였습니다'가 된 것처럼 '이'와 '었'이 줄어서 '였'이 되는 경우밖에 없다.

따라서 위 예문들처럼 되지 '뉘였다, 채였어, 패였다'가 되지 않는 것이다. '이'와 '었'이 줄어든 과정을 생각해 보면 혼동되지 않을 것이다.

# 베푼, ~게(기) 마련이다

> 오늘 양로원에 가서 봉사 활동을 하고 왔어.
>
> 처음에 들어갈 때는 이상한 냄새가 나서 눈살을 찌푸렸는데, 청소를 하고 할머니들 어깨를 주물러 드리고 나자 조금 전에 눈살을 찌푸렸던 내 행동이 죄스럽게 느껴지더라.
>
> 내 도움을 필요로 하는 사람들에게 작은 것을 베풀은 오늘, 마음이 정말 뿌듯했어. 우리는 누구나 늙게 마련이잖아.


사람은 누구나 남의 도움이 필요할 때가 있고, 언젠가는 노인이 되게 마련이다. 도움을 필요로 하는 사람이나 나보다 약한 사람을 돌보는 것은 사람으로서의 도리이다. 하지만 그 도리를 다하고 살기란 쉽지 않은 일이다.

다섯째 줄의 '베풀은'은 '베푼'으로 써야 바른 표기이다. '베풀다'를 기본형으로 하는 낱말로서 '베푼' '베풀어' '베풀면' '베푸는' '베푸니' 등으로 변화한다.

그리고 마지막 줄의 '늙게 마련'에서 보이는 '~게 마련이다'라는 말은 '~기 마련이다'와 '~게 마련이다'의 두 가지 형태가 쓰이는데 두 가지 다 바른 말로 인정하고 있다.

# 부딪다, 부딪치다, 부딪히다

친구와 장난 치다가 머리가 부딪혀서 얼마나 아팠는지 모른다. 순간, 머리가 핑 돌며 어지러울 정도였다. 우린 서로 괜찮은 척 웃었지만 두 손으로는 머리를 감싸고 있었다.

이렇게 머리와 가슴이, 몸과 마음이 따로인 것을 경험하는 때가 있다. 마음속으로는 아프면서 안 아픈 척 얼굴에 웃음을 지어 보이기도 하고, 머리로는 이렇게 하는 것이 옳지 하면서도 가슴에는 하기 싫은 감정이 꽉 차 있는 것을 경험해 보았을 것이다.

물건과 물건이 서로 힘있게 마주 닿은 것을 뜻하는 낱말은 '부딪'다. '부딪치다'는 '부딪다'의 힘줌말이다. '부딪히다'는 '부딪음을 당하다'의 뜻을 가진 피동사이다. 이 세 낱말 또한 매우 혼동하여 쓰이는 〈요주의 낱말〉이다.

위 예문의 경우는 두 사람의 머리가 서로 '부딪은' 경우, 즉 '부딪친' 것이다. 따라서 첫째 줄의 '부딪혀서'는 '부딪쳐서'로 바꿔 써야 옳다.

길을 가고 있는데 누군가가 혹은 자동차가 나에게로 와서 부딪은 경우, 다시 말하면 부딪음을 당한 경우에는 피동사 '부딪히다'로 표현한다.

"자동차에 부딪혀서 머리를 다쳤다."

"자건거에 부딪혀 넘어져서 무릎을 다쳤다."

132

# 부서지다, 부수다, 아무튼

아빠가 제주도에 출장가셨다가 어제 오셨어. 아빠가 그곳에서 찍은 사진을 보여 주셨는데 파도가 부숴지는 풍경이 너무 아름다워 나도 제주도에 가보고 싶더라. 나는 커서 여행을 많이 다니려고 해. 걸어서 지구를 한 바퀴 돌았다는 어느 여자 여행가도 있더라. 나도 그렇게 할 수 있을지 모르겠지만 아무튼 어른이 되면 여행을 많이 다니고 싶어.

파도가 부서지는 바다를 배경으로 찍은 사진은 정말 언제 보아도 아름답다. 당장이라도 바다로 뛰어가고 싶은 충동을 일으키기에 충분하다. 실제 본 바다보다 더 넓고 아름답게 느껴진다.

둘째 줄의 '파도가 부숴지는'은 '파도가 부서지는'이 옳다. 오래 전에는 '부수어지다'라는 말도 사용했는데 지금은 '부서지다'만 사용한다. 그러므로 '부숴진 꿈' 혹은 '벽돌이 부숴졌다'는 '부서진 꿈' 혹은 '벽돌이 부서졌다'로 해야 옳다. 따라서 접미어 '~뜨리다'가 붙을 때도 '부숴뜨리다'가 아니고 '부서뜨리다'가 되는 것이다.

물건을 일부러 쳐서 부서뜨릴 때, 예문을 든다면 "동생이 돌로 장난감을 부수었다"라고 쓴다.

'부서지다'는 목적어를 필요로 하지 않는 자동사이고, '부수다'

133

는 목적어를 필요로 하는 타동사이다.

그리고 다섯째 줄의 '아뭏든'은 '아무튼'이라고 써야 바른 표기이다.

# 부치다, 붙이다

왜 그런지 난 비가 참 좋아. 그리고 시골 할머니 댁에 갔을 때 앞마당에서 청개구리를 처음 보았는데 얼마나 예쁜지 손바닥 위에 올려놓고 한참 만지작거렸어. 그리고 초콜릿. 우리 언니는 천원짜리 두꺼운 초콜릿이 더 맛있다고 하는데 나는 이상하게 300원짜리 가나 초콜릿이 제일 맛있더라. 스티커 사진 찍기. 친한 친구와 찍은 스티커 사진을 수첩에 부쳐 놓았다가 심심할 때 그거 보고 있으면 얼마나 재미있는데. 떡볶기, 은색 볼펜, 이번 생일에 네가 선물로 준 쌍둥이 인형, 햄스터 또 뭐가 있나?

10대에는 친한 친구와 좋아하는 것이 같으면 마음이 통하는 것 이상으로 감격을 한다. 그래서 친구들끼리 앉아 좋아하는 것이 무엇인지 묻는다.

여섯째 줄의 '사진을 수첩에 부쳐'는 '사진을 수첩에 붙여'로 해야 한다. '부'에 받침 'ㅌ'을 붙이듯 수첩이나 벽에 물건을 붙일 때 쓰는 낱말.

'부치다'는 우체국에서 편지나 소포를 부치는 것을 의미한다. 그 외 부채를 부치다, 비오는 날 부침개를 부쳐 먹다, 어떤 일을 해내는 데 힘이 모자랄 때에는 '힘에 부치다' 라고 한다.

또 비밀로 해달라고 하거나 무슨 기념일 행사에 기념하는 말을 표현할 때도 '부치다' 를 쓴다. 예를 들어 보면,
"이건 너한테만 말하는 것이니까 비밀에 부쳐야(붙여야 ×) 해."
"한글날에 부치는 국어연구원장님의 말씀이었습니다."

다음에 일곱째 줄을 보자. 아이들이 좋아하는 음식으로 떡볶이가 빠지지 않는다. 바른 표기는 '떡볶이.'
'이' 는 형용사나 동사를 명사로 만드는 접미사이다. 구두닦이, 미장이, 멋쟁이 등등처럼.
"밥을 볶기가 힘이 들어."
"깨를 잘 볶아야지 자칫 잘못하면 새까맣게 타버려서 볶기가 까다로워."
"두꺼운 손톱은 깎기가 불편해."
라고 말할 경우는 볶는 행위, 손톱을 깎는 행위가 힘이 든다는 말이다.

# 붇다(붇기, 불어)

자장면은 역시 맛있어. 그런데 자장면은 붇기 전에 먹어야지, 불으면 맛이 없어.

오늘 낮에 우리 아버지 회사에 가서 아버지 회사 직원 아저씨들과 함께 자장면을 먹었어. 점심 시간인데도 아저씨들이 자장면이 불은 것도 모르고 열심히 일하는 모습을 보고 감동했어.

원래 중국 음식이었던 자장면은 우리 입맛에 맞게 바뀌어 중국에서보다 우리나라에서 인기를 얻고 있는 음식이다. 아이들은 피자를 더 좋아할까, 자장면을 더 좋아할까? 어느 것이 더 좋은지 순위를 매기기 힘들지 않을까.

예문 첫째 줄의 '불기 전에'는 '붇기 전에'로 해야 바른 말이다. 기본형이 '붇다'로서 붇기, 불어, 불으니, 불은 등으로 변화한다.

'붇'에 자음 어미가 붙을 때는 '붇'이 그대로 있고, 모음 어미가 붙을 때는 '불'로 바뀌어 '불어, 불어서, 불은'이 된다.

"불은 자장면은 맛이 없어."

"시냇물이 붇기 전에 어서 건너자."

"체중이 많이 불었어."

"체중이 불은 모습이 더 보기 좋다."

137

# 불리다, 송곳니

초등학교 때 '지우개'로 불리웠던 그 아이가 바로 내 짝이 되었어. 사람이 외모를 보고 판단을 하면 안 되지만 못생긴 것은 아닌데 어쩐지 가까이하기 싫은 애 있잖아. 송곳이가 너무 뾰족해서 개만 보면 징그러운 쥐가 생각나는 거야.

개가 왜 지우개로 불리웠는지 너 모르지. 걔 필통에는 늘 연필보다 지우개가 더 많이 들어 있었어. 걔네 집이 문방구를 하거든. 지우개가 필요할 때는 모두들 걔한테 손을 벌리곤 했어. 그런데 걔가 가지고 있는 지우개는 쓰기가 아까울 정도로 아주 예쁜 것들이었어.

우선 첫째 줄의 '불리웠던'과 다섯째 줄의 '불리웠는지'를 보자.
친구들에게 무슨 별명으로 '불렀다'든지, 저금을 착실히 하여 적은 돈을 큰돈으로 늘렸을 때 '돈을 크게 불렸다(불리었다의 준말임)', 짱구가 유리창을 깨서 선생님께 '불려 갔다' 등은 모두 기본형이 '불리다'인 낱말이 쓰인다.

따라서 '불리웠던'은 '불리었던' 혹은 '불리던'으로 써야 옳은 표기이고, 다섯째 줄의 '불리웠는지'는 '불렸는지(불리었는지의 준말)로 써야 바른 표기이다.

138

그리고 셋째 줄의 '송곳이'는 '송곳니'로 써야 한다.

이와 함께 '덧니', '윗니', '아랫니', '어금니', '틀니' 등이 바른 말임을 알아 두자. 북한에서는 모두 '이'를 써서, 덧이, 웃이, 아랫이, 어금이, 틀이로 쓴다. 물론 발음은 우리와 같다.

# 블록, 메우다

이번 여름처럼 비가 많이 온 것은 태어나서 처음 봤어. 우리집 대문 앞에 블럭이 하나 어긋나 있었는데 그 밑 흙이 패어져서 웅덩이가 생겼어. 우리 엄마하고 내 남동생하고 그 웅덩이 메꾸느라 얼마나 힘이 들었는지 아니?

말을 하는 것도 하나의 관습으로서 지방에 따라 매우 다른 모습을 보인다. 경상도에서 태어난 아이는 주변 사람들이 하는 말을 듣고 저절로 경상도 사투리를 사용하게 된다. 어려서 주변 사람에게 배운 말은 평생을 가도 잘 고쳐지지 않는다. 학교에서 표준어를 배워 어느 정도 고쳤다 해도 화가 나서 말을 급하게 해야 하는 경우에는 저절로 사투리가 튀어나온다.

둘째 줄의 '블럭'이라는 말의 바른 표기는 '블록'이다.
보도블록, 또 도시의 구간을 표시하는 것 또한 '블럭'이 아니고 '블록'이 맞는 표기이다.

말의 습관에 의해, 움푹 파인 곳을 막는다거나 어느 과목의 시험 점수가 낮아 다른 과목으로 그 점수를 보충할 때도 '메꾼다'고 말하는데, 바른 표기는 '메운다'이다.(셋째 줄)

"그 웅덩이를 메우느라 얼마나 힘이 들었는지 아니?"
"영어를 하도 못 봐서 다른 과목으로 점수를 메워야 해."

# 비끼다, 비키다

비가 올 때는 자동차들이 천천히 달렸으면 좋겠어. 오늘 학교 끝나고 집에 가는데 골목길에서 자동차 한 대가 쌩쌩 달리는 거야. 그래서 얼른 **비껴섰어**. 휴우! 하마터면 옷이 다 젖을 뻔했지 뭐야.

비가 오면 바닥에 물이 고이게 마련. 달리는 자동차가 길을 걷는 사람들을 배려하지 않고 쌩쌩 달리는 경우가 많다. 고인 빗물이 얼굴까지 튀면 정말 화가 난다.

예문 셋째 줄의 '비껴섰어'는 '비켜섰어'로 해야 바른 말이다.
'비끼다'와 '비키다'를 비교해 보자.
'비끼다'는 '옆으로 비뚤어지게 (빛이) 비치다', '비스듬히 놓이거나 늘어지다'의 뜻을 가지고 있다. 어떤 것에 대해 정확한 방향이 아닌 조금 옆으로 벗어난 '방향'에 관계된 말이다.
'비키다'는 '피해 가거나 비키어 간다'는 뜻을 가지고 있다. 이에 대한 바른 예문을 보면,

"태풍이 한반도를 비껴갔다."
"칼을 비껴 찬 장군의 모습이 참으로 기개가 있어 보였다."

위의 첫번째 예문은 태풍이 한반도 쪽이 아닌 다른 방향으로 갔다는 뜻이 되겠고, 두 번째 예문은 칼을 '비스듬하게' 찼다는 뜻이다.

"갑자기 어떤 애가 내 앞으로 뛰어와서 얼른 비켜 갔다."
"물이 고여 있어서 비켜 갔다."

'비끼다' 는 방향과 관계가 있고, '비키다' 는 피해서 가는 행동과 관계가 있다는 것을 기억해 두면 좋을 것이다.

## 비로소, 금세

> 배고픈 것이 얼마나 참기 어려운 일인지 처음 알았다. 텔레비전에서 허겁지겁 밥을 먹는 사람을 보면 거지 같아 보였는데 내가 그걸 경험하고 나니까 비로서 이해가 가더라.
> 미진이하고 시내 서점에 갔다가 마침 돈이 얼마 없어서 점심을 굶고 저녁에야 집에 왔는데 어찌나 배가 고픈지 숟가락을 들 힘도 없는 거야. 밥 한 그릇을 금새 먹어 치웠다니까.

사람에게 가장 욕구가 큰 본능이 식욕이라 하지 않던가. 그래서 배고픈 설움이 가장 크다고 한다.

여기서 지적할 것은 셋째 줄의 '비로서'와 마지막 줄의 '금새'이다. 바른 표기는 '비로소', '금세'이다. '금세'는 '금시에'의 준말이라는 것을 알아 두면 '금새'로 착각하지 않을 것이다.

거지 같다는 말을 들으니 생각나는 이야기가 있다.

팔을 한번 내밀어 보자. 팔꿈치 가까이 살이 두둑한 부분에 선을 그은 듯이 금이 나 있는 사람이 있을 것이다.

어린 시절 사촌이 내게 팔을 내밀어 보라고 하기에 팔을 내밀었더니 나의 그 부분을 가리키면서 하는 말이

"여기에 이렇게 금이 나 있는 사람은 전생에 거지였대. 이게 바

로 전생에 깡통을 들고 다니던 자국이래. 너 전생에 거지였다."

　이렇게 나를 놀렸다. 그땐 전생이란 말을 잘 이해하지 못했지만 내가 거지였다는 말에 기분이 몹시 안 좋았던 기억이 난다.

# 비추다, 비치다, 누그러지다

네 행동이 잘된 것인지, 잘못된 것인지 집에 가서 네 양심에 비쳐 봐. 네 잘못이라는 것을 인정하게 되면 아마 화가 좀 누그러 질 거야.

화가 났을 때는 자신의 잘잘못을 판단할 여유가 없어지더라.


'비치다'와 '비추다'를 구분해 보자.

우선 목적어를 필요로 하지 않는 자동사 '비치다'가 쓰인 예를 보자.

"오늘따라 거울에 비친 내 모습이 아름다워 보인다."

"이 옷을 입으면 속이 훤히 비쳐서 싫어."

"달빛이 환하게 비치는 모습이 환상적이다."


목적어를 필요로 하는 타동사 '비추다'가 쓰인 예를 보면

"양심에 비추어 보면 잘못이라는 것을 알 수 있을 거야."

"얼굴에 전등빛을 비추니까 눈을 뜰 수가 있어야지."

"그 양반, 이번에 입후보할 의향을 넌지시 비추더라고."


예문 둘째 줄의 '비쳐 봐'는 '비추어 봐'가 맞는 말이다. 양심이 나 거울에 '비추어 보다.'

그리고 둘째 줄 끝의 '누구러질 거야'는 '누그러질 거야'로 해야 옳은 표기이다. ㅡ인지 ㅜ인지 혼동이 되는 단어가 아주 많으니 잘 구분해서 사용하자.(93쪽 참조)

## 빌다, 빌리다

이 자리를 빌어 너에게 감사의 말을 전하고 싶어.
이 자리를 빌려 너에게 감사의 말을 전하고 싶어.

위의 예문 중 어느 것이 맞는 말일까요?
정답은 아래 문장이 맞는 말이다.

'빌다' 와 '빌리다' 의 차이인데 아주 많이 잘못 쓰이고 있는 것 중의 하나이다.

'빌다' 는 '기도하다' 의 뜻을 가지고 있고, '빌리다' 는 '남의 물건이나 돈 따위를 쓰다' 의 뜻을 가지고 있다.

"신에게 빌어 봐."
"신에게 비는 기도문이야."
"잘못했다고 빌어 봐."

"영호에게 빌려 봐."
"영호에게 빌린 책이야."

오래 전, 생활이 지금처럼 복잡하지 않았을 때의 낱말은 대부분

148

한 글자로 이루어졌었다고 한다. 그러던 것이 점점 변화하여 합성어가 되고 파생어가 되어 낱말이 길어진 것이다.

'빌다' 와 '빌리다' 는 '빌' 이라는 낱말에서 파생된, 같은 조상을 갖고 있는 낱말이다. '빌어먹다' 도 마찬가지.

분리될 수 없는 한 낱말로 알고 있는 '지붕' 도 '집' 과 '웅' 이 만나 된 말이고, '만나다' 도 '맞' 과 '날(生)' 이 만나 변화를 거쳐 지금의 모습을 갖게 된 낱말이다. '마중' 은 '맞' 과 '웅' 이 만나 되었으며, '나이' 는 '날' 에서 파생된 것이다.

이 자리를 빌려 어원에 대해서 말해 보았다.

# 사이시옷

선녀를 잃은 나뭇군은 밥도 먹지 않고 그리움에 점점 야위어 갔다.

잠도 안 자고 낚싯대만 바라보는 낚싯군들은 무슨 생각을 하며 강물을 바라보는 것일까.

위 예문 첫째 줄의 '나뭇군'의 바른 표기는 '나무꾼'이고 두 번 째 문단의 '낚싯군'의 바른 표기는 '낚시꾼'이다.

나무꾼은 노름꾼, 구경꾼, 도망꾼, 방해꾼, 사냥꾼, 소리꾼, 지게 꾼 등처럼 '나무'에 '어떤 일을 습관적으로 하는 사람'이나 혹은 '어떤 일 때문에 모인 사람'의 뜻을 가진 '꾼'이 붙어 된 낱말이다. 그래서 정확하게 말하면 '뭇'에 붙은 'ㅅ'은 사이시옷이 아니다. 사이시옷은 낱말과 낱말이 합쳐 이루어진 합성어에서만 쓰인다.

위 예문의 '나무꾼'과 '낚시꾼'의 '꾼'은 접미사이므로 파생어 이지만 사이시옷과 관련하여 혼동하는 단어이므로 이 부분에서 언 급을 하는 것이다.

그러면 사이시옷에 관해 자세히 알아보기로 하자.

현재 우리가 쓰는 표준어는 여러 차례 개정을 거쳐 1989년 3월부터 시행되고 있는 규정에 따르고 있는데, 글을 쓰면서 가장 어려움을 느끼는 문법 중 하나가 바로 '사이시옷'이다.

사이시옷에 관한 규정을 알아보자.

■ 순 우리말로 된 합성어로서 앞말이 모음으로 끝난 경우

(1) 뒷말의 첫소리가 된소리로 나는 것

귓밥, 나룻배, 나뭇가지, 나잇값, 냇가, 댓가지, 맷돌, 머릿결, 머릿기름, 모깃불, 못자리, 바닷가, 뱃길, 볏가리, 부싯돌, 쇳조각, 아랫집, 장맛비, 잿더미, 조갯살, 찻집, 쳇바퀴, 핏대, 햇볕, 혓바늘, 횟집

(2) 뒷말의 첫소리 'ㄴ, ㅁ,' 앞에서 'ㄴ' 소리가 덧나는 것

노랫말, 멧나물, 아랫니, 텃마당, 아랫마을, 뒷머리, 잇몸, 깻묵, 냇물, 빗물

(3) 뒷말의 첫소리 모음 앞에서 'ㄴ, ㄴ' 소리가 덧나는 것

뒷일, 뒷입맛, 베갯잇, 욧잇, 깻잎, 나뭇잎, 댓잎

■ 순 우리말과 한자어로 된 합성어로서 앞말이 모음으로 끝난 경우

(1) 뒷말의 첫소리가 된소리로 나는 것

귓병, 꼭짓점, 등굣길, 만둣국, 머릿방, 뱃병, 북엇국, 빨랫감, 샛

강, 세뱃돈, 아랫방, 자릿세, 자릿수, 전셋집, 죗값, 찻잔, 콧병, 탯줄, 텃세, 핏기, 햇수, 횟가루, 횟배

(2) 뒷말의 첫소리 'ㄴ, ㅁ' 앞에서 'ㄴ' 소리가 덧나는 것
곗날, 제삿날, 훗날, 툇마루, 양칫물

(3) 뒷말의 첫소리 모음 앞에서 'ㄴ, ㄴ' 소리가 덧나는 것
가욋일, 사삿일, 예삿일, 훗일

■ 두 음절로 된 다음 한자어

곳간, 셋방, 숫자, 찻간, 툇간, 횟수

사이시옷 규정에 따라 사이시옷을 붙여야 하는데, 오히려 사이시옷을 붙이면 더 이상하고 어색해 옳은지 그른지 판단하기 어려운 낱말이 참으로 많다. 등굣길, 맥줏집, 북엇국, 고양잇과, 멸칫과, 절 댓값 등이 그러하다. 이 말들은 어색하기는 하지만 사이시옷을 붙이는 게 옳다.

그러면 피자를 파는 피자집이나 연인 사이의 핑크빛 사랑을 표기할 때는 사이시옷을 붙여야 할까요, 붙이지 말아야 할까요?

답은, '외래어에는 사이시옷을 붙이지 않는다.' 이다. 그러므로 '피자집, 핑크빛, 코발트빛' 이 옳다. 앞에서 보아 알겠지만, 사이시옷은 우리말과 한자어의 관계에서만 규정하고 있다.

■ 뒷말의 첫음이 경음(ㄲ, ㄸ, ㅃ, ㅆ, ㅉ) 혹은 격음(ㅊ, ㅋ, ㅌ, ㅍ)일 경우에는 붙이지 않는다.

배탈, 뒤뜰, 뒤꼍, 뒤통수, 위쪽, 뒤처리, 쇠뿔, 해콩, 해팥, 해쑥 등.

위의 규정에 흔히 틀리게 쓰는 낱말로 '뒷표지, 뒷창, 뒷축, 뒷쪽' 등이 있으니 주의하시기를……

사이시옷은 또 말 습관에 따라서 애매한 경우도 있다. 다음과 같은 경우,

어젯밤에 아주 무서운 꿈을 꾸었다. 귀신 나오는 영화를 보고 자서 그런가 봐.

이 경우 '어제빰에'라고 발음할 수도 있지만 '어제 밤에'처럼 '어제'와 '밤'을 떼어 부드럽게 말하는 사람도 많다. 그러나 '어젯밤'은 '어제'와 '밤'이 합쳐져서 이루어진 합성어이므로 사이시옷을 붙여 '어젯밤'으로 쓰고 '어제빰'으로 발음해야 한다.

규정을 외워 가면서 바른 말을 쓰는 건 분명 골치아픈 일이지만 '순수한 우리말끼리 합쳐진 합성어나 우리말과 한자어가 합쳐질 경우, 뒷말의 첫음절이 되게 발음되는 경우 사이시옷을 붙인다'는 규정을 기억하면 그리 골치 아프지는 않을 것이다.

정 골치가 아프면 실생활에 많이 쓰는 단어를 몇 개 외우고 있으면 간단한 글을 쓰는 데 별 지장은 없을 것이다.

실생활에서 많이 쓰이는 낱말을 몇 개 예를 들어 보면,

오늘이 우리 할아버지 제삿날이야. 그래서 우리 작은 아버지, 작은 엄마, 고모 다 오신다. 우리 엄마가 제사를 챙기는 것도 예삿일이 아닌 것 같아.

혜진이네 알고 보니까 되게 부자래. 그런데 옷차림으로 보아서는 전혀 부잣집 딸 같지가 않아, 그렇지?

우리들 시점으로 볼 때, 어른들은 헤어지는 인사말이 너무 길어. 그냥 안녕히 가세요, 반가웠습니다, 하면 될 걸 가지고……

노인들은 혼자서 중얼거리길 잘 하는데, 외로워서 혼잣말을 하는 거래.

엄마, 빨래 안 하셨어요? 바지는 어제 입던 거 그냥 입어도 되는데 윗도리가 없어요.

※ 여기서 '웃' 과 '윗' 이 쓰이는 낱말을 구별해 보자.

■ '웃' 과 '윗' 은 모두 '윗' 으로 통일하되(1), 거센소리 앞에서는

'위'를 쓰고(2), 아래 위의 대립이 없는 단어는 '웃'으로 한다(3).

(1) 윗니, 윗도리, 윗눈썹, 윗목, 윗몸, 윗사랑, 윗입술, 윗잇몸,

(2) 위쪽, 위채, 위층, 위치마, 위턱, 위팔.
　　－경음, 격음 앞에 사이시옷이 붙지 않는 경우와 맞물림.

(3) 웃국, 웃돈, 웃어른, 웃옷.

그러나 여기서 주의할 것은 '웃옷'의 경우, '윗'과 '웃'이 모두 쓰일 수 있다는 것이다. 이 경우에는 의미가 서로 다르기 때문에 의미에 따라 달리 써야 한다.

윗옷 : 위에 입는 옷.
웃옷 : 맨 겉에 입는 옷.

위와 같은 경우가 또 있다.

윗머리 : 정수리 위쪽 부분의 머리
웃머리 : 머리 위쪽에 난 머리털

윗물 : 상류에서 흐르는 물, 어떤 직급 체계에서의 상위직.
웃물 : 죽 같은 것의 위에 생기는 국물.

# 새침데기, 폭발

내 친구 덕희는 새침떼기에다 눈물이 많다. 한 번 눈물을 흘렸다 하면 폭팔하듯 엉엉 대면서 운다. 옆에서 보는 사람이 안쓰러울 지경이고, 얼마나 서럽게 우는지 선생님도 막지 못한다.

새침한 사람이 눈물도 많다.

얌전한 체하는 사람을 '새침데기' 라 한다. '~데기' 는 명사 뒤에 붙어 사람을 약간 낮추어 부르는 말이다. 부엌데기, 새침데기, 소박데기 등.

어린 시절에 지저분한 애를 놀릴 때, '데기 데기 부엌데기' 하며 놀린 기억이 있다.

비슷하게 쓰이는 말로 '~때기' 가 있다. '~데기' 는 주로 사람을 일컬을 때 쓰지만 '~때기' 는 명사에 붙어 그 명사를 속되게 말할 때 쓰인다.

예를 들자면,

귀때기, 볼때기, 거적때기, 배때기, 팔때기 등.

둘째 줄의 '폭팔하듯' 은 '폭발하듯' 이 잘못 쓰인 예이다.

'폭발적이다' '폭발물' 이 바른 말임을 기억해 두기를……

156

# 새파란, 맞대고

얼마나 놀랐으면 얼굴이 그렇게 샛파래져 있니? 마음을 우선 진정시켜. 그런 후에 머리를 맞대고 함께 생각해 보자. 좋은 방법이 있을 거야.

접두사 '새'는 빛깔이 매우 짙고 산뜻함을 나타내는 낱말이다. 따라서 첫줄의 '샛파래져'는 '새파래져'로 써야 바른 표기이다. 마찬가지로 '새빨갛다' '새빨간' '새까맣다'가 바른 표기이다. '새'를 '시'로 쓸 때도 '시뻘겋다' '시꺼멓다'로 한다. 다만, 노란 것을 강조할 때 쓰는 말은 '샛노랗다'로 표기한다. 유성음 'ㄴ'과 'ㅁ' 앞에서는 '샛'으로 쓴다.

둘째 줄에 '맛대고'는 '맞대고'가 바른 표기로서 '마주 대고'의 준말이다. '마주'의 ㅈ이 받침으로 간 것임을 기억하자.

형하고 맞담배를 피우다, 무거운 것을 맞들다, 무릎과 무릎을 맞대고 의논을 하다, 버스로 가나 기차로 가나 요금이 맞먹는다, 자전거와 오락기를 맞바꿨다, 둘이 맞붙어 싸우길 잘한다 등등 모두 '맞'이 붙어 된 낱말들이다.

# 설거지, (깨)뜨리다

엄마를 돕는다고 설거지를 하다가 그릇을 깨뜨렸다.

고무장갑을 끼면 갑갑해서 설거지가 잘 안 되는데 엄마가 피부가 상한다고 자꾸 끼고 하라고 해서 끼고 하다가 그렇게 됐다.

텔레비전에서 보니까 소뼈를 섞어서 만들어 던져도 안 깨지는 그릇이 있다던데 우리도 그런 그릇을 샀다면 이런 일이 없었을 텐데⋯⋯

아이들이 설거지를 하다가 그릇을 깨뜨리면 어른들은 깨진 그릇이 아까워 그릇에 신경을 더 쓰느라 혹시 깨진 그릇 조각에 손을 다치지 않았나 아이를 살피는 여유를 잃는 경우가 많다.

'설겆이'는 '설거지'가 바른 말이다.

그리고 그릇을 '깨뜨리다'는 '~뜨리다'와 '~트리다'가 모두 표준어로 지정된 복수 표준어이다. 복수 표준어로 지정된 낱말이 꽤 많다.

예를 들어 보면,

가없다/가엾다, 개수통/설거지통, 고깃간/푸줏간, 관계없다/상관없다, 넝쿨/덩굴, 땅콩/호콩, 만큼/만치, 모쪼록/아무쪼록, 벌레/버러지, 생/새앙/생강, 어저께/어제, 여태껏/이제껏/입때껏, 옥수수/강냉이, 장가가다/장가들다, 철따구니/철딱서니/철딱지 등이 있다.

# 설레던, 얼마큼

성적표를 받을 때 이번처럼 가슴이 설레이던 때도 없었다. 왜 그러냐 하면 이번에는 공부를 좀 했거든. 공부한 만큼 결과가 좋았으면 하고 바라는 마음에 선생님이 내 이름을 부르는 순간, 가슴이 **쿵쾅쿵쾅** 뛰는 거 있지. 지난번보다 성적이 얼만큼 올랐을까 몹시 궁금했어.

학생들이 가장 싫어하는 말이 '공부해라'라고 한다. 그러나 그보다 더 싫어하는 말이 '공부 좀 해라!'일 것이다. 그냥 '공부해'하고 말하는 것보다 '좀'자를 붙여서 '공부 좀 해라'하고 다그치면 모처럼 공부하려던 마음이 한순간에 싹!

성적을 올리기 위해 공부를 열심히 했다면 그만큼 기대가 커서 성적꼬리표를 받는 날 정말 가슴이 설렐 것이다. 가슴은 '설레이는' 것이 아니라 '설레는' 것이다. 따라서 명사형은 '설레임'이 아니고 '설렘'이다. 예문 첫줄의 '설레이던'은 '설레던'이 맞는 표기가 되겠다.

또 넷째 줄의 '얼만큼'을 살펴보자. '얼만큼'은 '얼마만큼'의 준말로서 바른 표기는 '얼마큼'이다.

"얼마큼 줄까?"

"얼마큼 해주면 네가 기뻐하겠니?"

'얼만큼'이라고 말하는 습관이 배어 있어 쓸 때도 그렇게 쓰는 경향이 있는데 앞으로는 '얼마큼'이라고 바르게 쓰기 바란다.

# 셋째, 치르다, 이와 히

너 우리 세째 외삼촌 본 적 있지? 내가 그 외삼촌을 얼마나 좋아하는지 너도 알잖아. 그런데 그 외삼촌이 어제 결혼식을 치뤘다. 괜이 섭섭한 거 있지?

외숙모는 화장을 너무 진하게 해서 다른 사람 같긴 하지만 예쁘더라. 나는 커서 결혼식할 때 화장을 그렇게 진하게 하지 않고 자연스럽게 할 거야. 도깨비도 아니고 그게 뭐야, 그치?


'세째' 는 '셋째' 가 맞다. 마찬가지로 넷째, 다섯째……

결혼식이나 그 외 다른 어려운 일을 치르든, 물건을 사고 값을 치르든 모두 '치르다' 이다. 그러므로 둘째 줄에서 결혼식을 '치뤘다' 가 아니라 결혼식을 '치렀다' 가 맞는 표기이다.

'치르고', '치러서', '치렀으니', '치른다면' 등.


그리고 셋째 줄의 '괜이' 는 '괜히' 로 표기해야 맞다. 간혹 '괜히' 를 '괜시리' 로 쓰는 경우도 있으나 그건 표준말이 아니고 '괜스레' 가 표준말이다. 그러므로 '괜히' 혹은 '괜스레' 로 써야 한다.

■ 여기서 '이' 로 끝나는 말과 '히' 로 끝나는 말을 짚고 가자.

맞춤법 규정에는 '분명히 이로만 발음되는 것은 이로, 이나 히로 혹은 히로만 발음되는 것은 히로 표기한다'고 되어 있는데, 이 규정은 사이시옷의 규정과 함께 좀 애매한 느낌이다.

좀더 쉽게 구분하는 방법은 '~하다'를 붙여서 말이 되는 대부분의 경우에는 '히'가 붙고, 말이 안 되는 것은 '이'가 붙는다. 단, 예외로 '깨끗이'를 기억하자.

'반듯이', '의젓이', '따뜻이'도 하다를 붙여서 말이 되지만 이가 붙는다. 그런데 이 낱말은 '반듯하게', '의젓하게', '따뜻하게'로 더 많이 쓰이고 정확히 '이'로 발음이 되는 것이므로 별로 헷갈리지 않을 것으로 생각된다.

'반듯이'는 '반듯하게'의 의미로 쓰일 때는 '반듯이'이고, '꼭'이라는 뜻의 부사로 쓰일 때는 '반드시'임에 유의하기를 바라며, 혼동되는 낱말 몇 개만 더 짚어 보자.

이—깊숙이, 촉촉이, 곰곰이, 나직이, 번번이, 따뜻이.
히—순순히, 꼼꼼히, 간편히, 당당히, 쓸쓸히.

# '~서'와 ~써, 삼가다

나 말야, 너한테 말할 거 있다. 뭔지 궁금하지?

그냥 넘어갈까 하다가 말해 주는 게 친구로써 도리일 거라고 생각하고 말해 주는 거야. 너 사람을 때리는 버릇 있잖아? 너는 무심코 때릴지 모르지만 얼마나 아픈지 아니? 앞으로는 삼가하길 바란다. 내 착한 친구가 그런 사소한 행동으로 인해 남에게 미움을 받을까 봐서 그러는 거야. 진심이야.


'~써'와 '~서'를 배워 보자.

'~써'는 '~을 가지고' '~으로 인하여'의 뜻을 가지고 있다.

'~서'는 '~의 자격으로'의 뜻을 가진다.

그러므로 예문 둘째 줄의 '친구로써'는 '친구로서'가 맞는 말이다.


'~으로써'가 쓰인 예를 들어보면

"닭으로써 꿩을 대신한다."

"그는 죽음으로써 자신의 죄를 갚았다."

"그것을 받음으로써 네 마음이 편할 수 있다면……"


닭을 가지고 꿩을 대신한다, 죽음을 가지고 죄를 갚다. '~하는 것으로 인하여 (혹은 '~하는 것 때문에')로 바꿔서 말을 해보면 금방 이해가 갈 것이다.

위의 예문의 '친구로써'를 '친구를 가지고', 혹은 '친구로 인하여'로 한다면 전혀 말이 되지 않는 것을 확인할 수 있다.

이 말과 비슷하게 혼동되는 것으로 '~으므로'와 '~ㅁ으로'가 있다. 먼저 예문을 보자.

"그가 나를 믿으므로 나도 그를 믿는다."—믿기 때문에

"그는 믿음으로(써) 산 보람을 느꼈다."—믿음을 통해

'~으므로'는 뒤에 오는 문장의 '까닭이나 근거'를 나타내고, '~ㅁ으로'는 '방법이나 수단'을 나타낸다. 쉽게 생각하면 '~ㅁ으로'는 '써'를 붙여서 'ㅁ으로써'로 바꾸었을 때 말이 되지만 '~으므로'는 그렇지 않다고 생각하면 된다.

다음 지적할 말은 넷째 줄의 '삼가하길 바란다'이다. 맞는 표현은 '삼가길 바란다'이다.

'삼가길'의 기본형이 '삼가다'이므로 '삼가길 바라', '삼가 주시기 바랍니다', '삼가야 한다' 등으로 써야 옳은 표기이다.

# 섬뜩하다, 곤혹, 곤욕

어제 '전설의 고향' 봤니? 밤마다 귀신이 나타나 잠도 못 자고 결국은 사람이 죽고…… 섬찟해서 온몸에 소름이 돋아.

그 프로 보고 나서는 화장실에 가는 게 곤욕스러워. 앞을 보고 있으면 뒤에서 귀신이 나타날 것만 같고, 내 뒤에 하얀 옷을 입은 귀신이 서 있을 것 같아서 거울도 못 보겠어.

미래에 대한 불안감 때문일까. 미신적인 이야기에 호기심을 많이 갖는다. 미신을 믿고 안 믿고는 둘째 문제고 그런 프로를 보면 마음이 약해진다. 특히 어린이들이 그 프로를 즐겨보는데 결코 좋은 영향을 받진 않을 것이다.

본론으로 들어가자. 둘째 줄의 '섬찟해서'는 섬칫, 섬짓 등으로도 쓰는데, 바른 말은 '섬뜩해서'라는 것을 기억해 두자.

섬뜩할 때의 느낌은 바늘에 찔린 듯 뜨끔하다.

이번엔 셋째 줄의 '곤욕스러워.'

'곤욕'과 '곤혹'도 구별하기 어려운 낱말 중의 하나이다.

'곤욕'은 '심한 모욕'을 말하고, '곤혹'은 몹시 곤란한 일을 당해 '당혹'스러운 것을 말한다. 따라서 무서워서 화장실에 가기 어려운 것은 '곤욕'스러운 일이 아니라 '곤혹'스러운 일이다.

165

# 소꿉놀이, 얼마어치

사촌동생이 놀러 왔는데 소꿉놀이를 하자고 보채서 오랜만에 소꿉놀이를 했다. 어렸을 때 친구들과 했을 때는 참 재미있었는데 이 나이에 소꿉놀이를 하자니 참 재미가 없더라.

과자를 조그맣게 잘라 그릇에 넣고 '이거 얼마치예요?' 하는 말을 반복하면서 사촌동생의 비위를 맞추려니 하품이 다 났다.

놀이라는 것은 수준에 맞는 사람끼리 해야 재미가 있다. 어린아이의 비위를 맞추면서 소꿉놀이를 하는 일은 무척 따분한 일이다. 더군다나 어린 동생과 단둘이서 하자면 더욱 그렇겠지.

첫째 줄의 '소꿉놀이'는 '소꿉놀이'가 바른 말임을 기억하자. '소꿉장난'도 마찬가지.

넷째 줄의 '이거 얼마치예요?'는 '이거 얼마어치예요?'라고 해야 한다. '어치'는 물건의 분량이나 정도를 나타내는 접미사로서 생략할 수 없는 낱말이기 때문이다.

'얼마만큼'은 '얼마큼'으로 줄여 말할 수 있지만 '얼마어치'는 '얼마치'로 줄이지 않고 '얼마어치'로 하는 것을 원칙으로 한다.

어제는 특별히 우리 엄마가 탕수육 요리를 해 주셔서 아주 맛있게 먹었다. 마침 숙제가 없어서 주방에 들어가 엄마가 요리하는 것을 구경했는데 참 재미있더라. 그래서 내가 한번 해보겠다고 엄마 손에서 튀김 젓가락을 빼앗아 해보았어.

엄마가 하는 것을 구경할 때는 아주 쉬어 보이더니 막상 해보니까 그게 아니더라. 그러고 보면 엄마 역활도 쉬운 게 아니야. 부엌일을 잘 할려면 자주 해봐야 한다고 하시더라.

아이들은 곧잘 어른들이 하는 일을 재미있게 구경하고 있다가 자기가 해보겠다고 덤빈다. 그러나 막상 해보면 잘 안 된다. 그제야 엄마 하는 일이 어렵다는 것을 알게 된다.

다섯째 줄의 '아주 쉬어 보이더니'에서 '쉬어'는 어딘가 어색해 보인다. '쉬워'가 바른 표기이다.

'쉽다' '무겁다' '어렵다' 등 어간의 끝 ㅂ은 ㅜ로 변화한다. '쉬워', '무거워', '어려워' 등.

그리고 여섯째 줄의 '역활'은 '역할'이 옳다.

이 단어는 어른들도 아주 많이 틀리는 말이다. 한자를 아는 사람은 한자를 생각해 보면 금방 알 수 있지만 한자를 잘 모르는 아이들은 쉽게 구분하기가 어려울 것이다.

역할을 한다는 것은 해야 할 일을 하는 것을 말한다. 해야 할 일이니까 역할이라고 외워 두면 잊지 않을 것이다.

마지막 줄의 '할려면'은 '하려면'이 옳다. '~을 하기 위해'라는 뜻을 가지고 있는 말 중에 이렇게 혼동하는 경우가 종종 있다.
"우체국 갈려면 어디로 가야 하지?"
"밥을 먹을려면 손을 씻어라."

모두 ㄹ 받침을 빼고 '하려면', '가려면', '먹으려면'으로 바르게 표기하도록 하자. 앞에서 여러 번 언급한 〈쓸데없이 ㄹ이 붙는 경우〉이다.

■ 참고 사항 : 낱말 변화에 따라 ㄹ이 붙어 있어야 하는 경우.

낯설다 → 낯섦
머물다 → 머묾
멀다 → 멂
만들다 → 만듦
시들다 → 시듦
알다 → 앎

# 슈퍼, 갔다 오다, 찌개

엄마가 몸살 기운이 있어 누워 계시자, 아빠가 솜씨를 내 보신다며 나하고 수퍼에 갔다 오자고 하셨다. 그래서 아빠와 나는 수퍼에 가서 부대찌께 재료를 사왔다. 전에도 가끔 요리를 하셨지만 오늘처럼 맛있었던 적은 없었다.

슈퍼마켓의 준말인 '슈퍼'를 '수퍼'라고 쓴 슈퍼가 제법 많이 있는데, 위에서도 그렇게 잘못 썼다.(둘째 줄) 이 경우는 '주스'가 바른 표기인 것을 의식해 이중모음을 안 쓴 것 같은데, 이중모음을 안 쓰는 것은 'ㅈ'과 'ㅊ'의 경우이다. '벤처(기업), 비전, 차트' 등에서처럼.

그리고 역시 둘째 줄에서 '갖다 오자고'는 '갔다 오자고'로 써야 바른 표기이다. 이것은 아주 흔하게 발견되는 오류 중의 하나이니 각별히 조심하기 바란다.

이번엔 '찌개'와 '찌게'의 혼동이다. '찌개'가 바른 말이지만 음식점에서 '찌게'로 잘못 써 놓은 것을 많이 보았을 것이다.

■이 기회에 흔히 먹는 음식의 바른 이름을 보자.

( × ) → ( ○ )

상치 → 상추          소세지 → 소시지

계피떡 → 개피떡        알타리 → 총각무

깡보리밥 → 꽁보리밥     무우 → 무

육계장 → 육개장        설농탕 → 설렁탕

짜장면 → 자장면        모밀국수 → 메밀국수

호도 → 호두

'육개장'의 경우, 닭고기를 재료로 만들었을 때는 '닭개장'이라
고 한다는 것도 알아두자.

# 스라소니, 수(컷)와 숫

우리 집 치와와가 새끼를 낳았는데 그렇게 나를 잘 따르던 녀석이 가까이 가기만 하면 이를 드러내면서 으르렁댄다. 그 모습이 마치 만화에서 본 시라소니 같아 무서울 지경이야. 행여 자기 새끼를 해칠까 봐서 그러는 것이란다.

고양잇과에 속하는 동물 시라소니의 바른 표기는 '스라소니' 이다. 동물 얘기가 나온 김에 흔히 말하는 것과 표기가 다른 동물의 예 몇 가지를 보자. ( × ) → ( ○ )

반딧불 → 반딧불이    불나비 → 부나비    가재미 → 가자미
칼 치 → 갈    치    거북이 → 거 북    복 어 → 복
삵괭이 → 살 쾡 이    소리개 → 솔 개    피래미 → 피라미

■참고로 동물의 '수컷' 을 말할 때는 '수' 로 통일한다. 단, 양, 염소, 쥐는 '숫' 으로 한다.

수소, 수캉아지, 수캐, 수탉, 수탕나귀, 수퇘지, 수평아리, 수꿩 등이 바른 말이고, 숫양, 숫염소, 숫쥐가 바른 말이다.

그런데 수캉아지, 수캐, 수탉, 수퇘지, 수평아리 등 '수' 자가 안붙을 때는 강아지, 개, 닭, 돼지, 병아리이던 것들이 '수' 가 붙음으로 해서 캉아지가 되고 탉이 될까? 그것은 아주 오래 전에 '수' 는

171

본래 '수ㅎ'로 쓰였기 때문이다. 세월이 흐르면서 언어의 변화에 따라 글자 'ㅎ'은 사라졌지만 그 습관이 발음에 남아 있는 것이다.

그와 같은 낱말은 대략 80개 정도가 있다. 암컷을 말할 때의 '암ㅎ', 땅을 뜻하는 '따ㅎ', '돌ㅎ', '나라ㅎ', '하늘ㅎ', '안ㅎ' 등이다. 예를 들면 15세기에는 '하늘과'가 '하늘콰'로 쓰였으며, '안' 같은 경우 '밖'과 결합할 때 '안팎'이 된 것을 보면 그 흔적을 짐작할 수 있다.


여기서 유의할 것은 '숫양'과 '숫쥐'에 쓰인 '숫'은 숫처녀나 숫총각의 '숫'과 뜻이 다르다는 것이다. 숫처녀, 숫총각의 '숫'은 '더럽혀지지 않은', '생긴 그대로'의 뜻을 가지고 있다.

'숫눈'이라는 매우 아름다운 낱말도 있다. 내린 그대로 쌓여 있는 눈을 일컬어 '숫눈'이라고 한다. 선뜻 밟기 미안한 숫눈.

# 시시덕거리다, (발)저리다

버스 맨 뒷자리에 앉았는데 내 옆에 앉은 여고생 두 명이 어찌나 히히덕거리며 장난을 치던지 같은 여자인 내가 민망할 정도였다.

때마침 바로 앞에서 다른 여학생 둘이서 막 떠드니까, 도둑이 제 발 절이다고 슬그머니 조용해지더라.

둘째 줄의 '히히덕거리며' 는 '시시덕거리며' 가 잘못 쓰인 예이다. 바르게 쓰인 예를 보면,

"두 사람이 어찌나 히히덕대며 웃던지 짜증이 났다."

'히히덕대다' 나 '히히대다' 는 히히 소리를 내며 단지 웃는 모양을 나타내는 데 쓰이는 낱말이고, '시시덕거리다' 는 시끄럽게 웃을 뿐만 아니라 몹시 떠드는 모양에 대한 표현이다.

다섯째 줄의 '제 발 절이다' 는 '제 발 저리다' 로 써야 바른 표현이다.

'절이다' 가 바르게 쓰인 예를 들어 보면

"배추를 소금에 절인다."

"신 김치보다 겉절이 김치를 더 좋아한다."

173

# 쌍둥이

분식점에서 현미를 만나서 반가워서 '안녕' 하고 말했는데 걔는 아는 척도 안 하고 그냥 나가더라. 분명히 눈이 마주쳤는데. 다음날 비디오점에서 또 만났어. 그래서 그날 분식점에서 왜 모르는 척했느냐고 물었더니 그냥 씨익 웃기만 하더라. 알고 보니 걔가 글쎄 쌍동이였어.

'쌍동이' 의 바른 말은 '쌍둥이' 이다.

귀염둥이, 막내둥이, 해방둥이 등 사람의 어떤 특징을 나타내는 '둥이' 는 낱말의 뒤에 붙는 접미사이다. '동이' 로 쓰지 않도록 유의하자.

# 아둥바둥

너하고 롯데리아에 가서 치킨과 감자 튀김 먹고 온 날 밤, 마음이 너무 아팠다. 배가 불러서 저녁도 안 먹고 내 방에 있다가 목이 말라 물을 먹으려고 주방으로 나왔는데 엄마가 천원짜리며 동전까지 헤아려 가면서 가계부를 쓰고 계셨어.

엄마는 저렇게 아둥바둥 살림하시는데 나는 그 동안 별 생각 없이 용돈을 받는 대로 다 썼던 거지.


힘들게 사는 모습을 말할 때, 혹은 몹시 우겨댈 때 '아둥바둥'이라는 말을 쓴다. 바른 표기는 '아둥바둥.'

"그렇게 아둥바둥 살다가 살 만하다 했더니 이런 큰일이……"

"너 그렇게 아둥거리며 고집을 부릴래?"

아둥바둥, 아둥거리다, 아둥대다. 이 낱말들은 고운 자리에 놓이는 말이 아니다. 한마디로 '등쌀'을 부리는 단어이다.

# 알다시피, 거리낌 없이

너도 아다시피 그 친구는 거리낌 없이 행동하여 다른 사람을 당황하게 하는 때가 있어. 같이 있던 내가 오히려 미안해서 안절부절 못한다니까.

성격이 그러니까 오히려 편한 면도 있어. 함부로 대해도 여간해서는 화내거나 삐치질 않는 것이 그렇지.

첫줄의 '아다시피'는 '알다시피'가 바른 표기이다.

같은 첫줄의 '꺼리낌 없이'는 '거리낌 없이'로 표기해야 한다.
'거리낌 없이'는 동사 '거리끼다'에서 파생된 말임을 알아 두어 틀리게 쓰는 일이 없도록 유념하자.

비슷한 낱말로 '꺼림칙하다'가 있다. 앞에서 설명한 바 있는 이 낱말은 동사 '꺼리다'에서 파생된 낱말이다.

'거리감'을 두지 않고 서슴없이 행동하는 것은 '거리낌 없다', 상대와 가까이하기를 꺼리는 것은 '꺼림칙하다' 또는 '께름칙하다' 이다.

176

# 알아맞히다, 며칠

혜선아, 안녕?

방학 재미있게 보내고 있니? 여기 강릉이야. 왜 강릉에 와 있는지 알아맞춰 봐. 사실은 우리 식구들끼리 이리로 피서 왔어. 내가 편지 쓰는 거 참 좋아하잖아. 그래서 엽서를 가지고 와서 너한테 편지 쓰는 거야, 반갑지?

그런데 몇 일 동안 비가 오는 바람에 모래 사장에 못 나가서 섭섭하다. 우리 이모가 여기서 식당을 하거든. 이모 식당에 앉아 있으면 밖이 다 보여. 어른들은 비 오는 바닷가가 멋있다고 하지만 나는 모래 사장에서 파도 놀이하고 싶어.

무엇의 바른 답을 말한다는 뜻을 지닌 '알아맞히다' 를 '알아맞추다' 로 쓰는 사람이 많다. '알아맞추다' 라는 말은 없다.

'알아맞히다' 와 '알아맞추다' 의 혼동은 '맞추다' 와 '맞히다' 의 혼동에서 오는 것이다.(셋째 줄)

'맞추다' 는 무엇을 서로 꼭 맞게 한다는 뜻을 가지고 있다.

예를 들면

"이 기계의 부속품을 잘 맞춰 봐."

"나하고 보조를 맞추어야 일이 쉽지."

"우리 카드 짝 맞추기 놀이하자."

'맞히다' 는 '알아맞히다' 와 마찬가지로 답을 맞힌다, 아이에게 주사를 맞힌다, 약속을 했는데 바람을 맞힌다, 낮에 널었던 이불에 비를 맞혔다든지, 화살을 과녁에 맞힌다.

여섯째 줄의 '몇 일 동안' 은 '며칠 동안' 으로 해야 바른 표기이다. '며칠' 은 '며칟날' 의 준말로서 같은 뜻을 가진 '몇 날' 로 바꿔 쓸 수는 있다.

"오늘이 며칠이지?"

"우리 시험이 며칠이래?"

"여행 갈 날이 몇 날이나 남았나?"

# 앞서거니 뒤서거니, 흘끗

> 북한산 입구에서 10시에 모이기로 했는데, 함께 가기로 한 친구 하나가 늦게 와서 10시 30분에 그곳에 도착했어. 우리 반은 이미 출발하여 우리는 앞서거니 뒷서거니 부지런히 뒤쫓아갔다.
>
> 그런 우리를 체육선생님이 흘낏 쳐다보시는데 야단 맞을까 봐 얼마나 조마조마했는지……

셋째 줄에 '앞서거니 뒷서거니'는 '앞서거니 뒤서거니'가 바른 표기이다. '뒷'은 '뒤'에 사이시옷이 붙은 형태로서 복합명사에 쓰인다. 뒷마당, 뒷바퀴, 뒷모습 등.

넷째 줄에 '흘낏'은 '흘끗' 혹은 '힐끗'이 바른 말이다.

흘끗 눈에 띄었다, 힐끗 쳐다보는 눈길, 흘끔흘끔 쳐다보다 등이 바른 표기임을 명심하자.

179

# 앳되다, 쭈뼛쭈뼛

우리 반에 한 아이가 전학을 왔는데 아주 앳띠게 보이는 귀여운 아이다. 내 짝이 다리를 다쳐 병원에 입원을 하였기 때문에 내 옆자리가 비어 있고, 맨 뒤에 찬경이가 혼자 앉아 있어 빈자리가 두 자리인데 선생님께서 두 자리 중 편한 곳에 가서 앉으라고 하니까 쭈뼛쭈뼛하더니 내 옆으로 와서 앉았다.

나이보다 어려 보이는 것을 '앳되다'고 한다. 보통 말할 때 앳띠다, 앳뗘 보인다고 하니까 쓸 때도 '앳띠다' 혹은 '애띠다'로 많이 쓰는데 '앳되다'가 바른 말이다.

따라서 첫줄의 '너무나 앳띠게 보이는'은 '너무나 앳되게 보이는'으로 써야 한다.

부끄러운 태도로 머뭇머뭇하는 모양을 '쭈뼛쭈뼛'이라고 한다. '쭈뼛쭈뼛'이란 말이 입에 붙어 쓸 때 어느 것이 바른 표기인지 혼동이 되는 단어이다.

쭈뼛쭈뼛할 때는 몸이 좀 뻣뻣해진다. 마치 뼈가 특별히 딱딱해지는 것처럼.

참고 : 북한말로는 '주밋주밋.'

# 어리다, 어른거리다

낙엽과 함께 가을이 떨어집니다.
눈에 어리는 친구의 모습
너무나 그리웁네요.


가을과 낙엽이 함께 떨어지고 나면
겨울과 친구가 함께
내게로 올까요?


친구를 그리워하는 감정이 너무 애틋하여 말 꺼내기 조심스럽지만 본론으로 들어가 봅시다.

둘째 줄에 '눈에 어리는.'

'어리다'와 '어른거리다'의 차이를 먼저 살펴보면,

어리다 : 눈에 눈물이 고이다

어른거리다 : 어떤 물체가 희미하게 보이다

따라서 '눈에 어리는 친구의 모습'은 '눈에 어른거리는 친구의 모습'으로 해야 바른 표기이다. 눈에 어리는(고이는) 것은 눈물이지 친구나 애인의 모습이 아니다.

그리고 바로 밑의 줄에 '그리웁네요'는 '그립네요'로 써야 한다.

가여웁네요, 그리웁네요, 서러웁네요, 졸리웁네요 등은 '가엾네요', '그립네요', '서럽네요', '졸립네요'로 써야 바른 표기이다.

　여기서 '가엾네요'는 복수 표준어로서, '가엽네요'도 맞는 말이다.

# 어떠하니, 어떡해

연희야! 너한테 묻고 싶은 게 있어. 너는 왠지 언니 같은 느낌이 들어 말하기가 편할 것 같아서…… 나는 언니가 없잖아.

다른 게 아니고 너 처음 생리할 때 어떻했니? 엄마가 얘기해 주셔서 대충 알고는 있지만 개인마다 약간의 차이가 있다고 친구들한테 물어봐서 참고하라고 하시더라. 나는 얼마 전에 생리 비슷한 것을 했는데 많이 나오지도 않고 색깔도 붉지가 않더라. 너는 어땠니?

'안 되'나 '않 돼' 만큼 잘 혼동하는 것이 바로 '어떻해' 이다. 어떻게 써야 할지……

먼저 위의 예문 셋째 줄에서 '어떻했니' 는 '어떠했니?' 혹은 '어떠했니' 를 줄여서 '어땠니?' 라고 써야 한다.

'어떻다' 는 '어떠하다' 의 준말이다.

그리고 많이 혼동하는 것으로 '어떻게 해' 의 줄임말을 보통 '어떻해' 로 표기하는데 바른 표기는 '어떡해' 이다. 마찬가지로 '어떻게 하라고' 의 줄임말은 '어떻하라고' 가 아니고 '어떡하라고' 이다.

"네가 그러면 나는 어떡하라고." (어떻게 하라고)
"네가 떠나면 나는 어떻게 사니?" (어떡해가 아님)

'그럭하다, 저럭하다' 도 '어떡하다' 의 경우와 같다는 것도 알아
두자.

"그럭하다가는(그렇게 하다가는) 낭패를 보게 될 거야."

"저럭하는(저렇게 하는) 사람의 심리는 어떤 걸까?"

"너 그럭하는 게 아니다."

# 어쭙잖다

아까 학교에서 내가 한 행동을 집에 와서 다시 생각해 보니 내가 너무 어쭙잖게 네 일에 끼어들었던 것 같아. 사과할게. 내 일도 잘 마무리하지 못하는 주제에 너에게 이래라 저래라 했으니 네가 기분이 나쁠 만도 했어.

비웃음을 살 만큼 분수에 넘치는 언행을 할 때 우리는 '어쭙잖다' 는 말을 쓴다. 글자대로 발음하기가 좀 어려워 보통은 '어줍잔타' 고 발음한다. 그래서 쓸 때도 '어줍잖다' 고 쓰기가 쉬운데, 바른말은 '어쭙잖다' 이다.

바르게 쓰인 예문 몇 개를 더 보면,

"네 주제에 어쭙잖게 그런 차를 산다고?"

"그렇게 어쭙잖게 큰소리를 치더니, 그럴 줄 알았어."

185

# 얼음

우리 아빠만큼 찬물을 좋아하는 사람이 또 있을까? 한겨울에도 따뜻한 물을 마시는 일이 없다. 다른 일에는 화를 잘 내시지 않지만 냉장고에 찬물이 없으면 무척 화를 내신다. 그런데 이상한 것은 어름을 넣은 물은 싫어하신다.

온도계로 온도를 재면 별 차이가 없을 듯한데 얼음을 띄워 차갑게 한 물보다도 냉장고에서 차가워진 물이 더 시원하다.

냉장고가 흔하지 않은 시절에 얼음을 파는 가게의 간판을 보면 어느 가게는 '어름' 으로, 어느 가게는 '얼음' 으로 써 놓았다. 편지 한 줄도 쓰지 않을 것처럼 생긴 두 사람이 간판 앞에서 어느 것이 옳은지 내기하자고 하는 광경을 본 적도 있다. 물론 '얼음' 이 바른 말이다.

죽다 → 죽음, 얼다 → 얼음, 웃다 → 웃음, 믿다 → 믿음.

'음' 은 동사나 명사에 붙어 명사형으로 바꾸는 접미사이다.

## 얽히다, ~ㄹ는지

일이 왜 이렇게 얼키는지 알 수가 없어. 미영이를 위해 한 일인데 오히려 화나게 만들어 버렸어.

오해가 풀릴런지 모르겠지만 며칠 지난 다음에 자세히 얘기해 보려고 해.

생각과 달리 일이 꼬이는 경우가 살다 보면 많이 생긴다. 그걸 풀려고 해명하는 과정에서 새로운 오해가 생기고……

첫줄의 '얼키는지' 는 '얽히는지' 로 해야 바른 표기이다. '얽다' 에 '히' 가 붙어 피동사가 된 낱말이다. 문제가 얽히면 복잡해진다. '얼키다' 라는 낱말보다는 '얽히다' 라는 낱말이 더 복잡하게 생겼다. '얽히고' 는 '얽히고 설키다' 로 많이 쓰인다.

셋째 줄의 '풀릴런지' 는 '풀릴는지' 로 해야 바른 표기이다.

받침 없는 어간에 'ㄹ는지' 가 붙어 추측이나 가능성을 나타낸다.

"그 일이 가능할는지."

"비가 올는지 안 올는지 모르겠으나……."

'ㄹ런지' 나 'ㄹ른지' 로 헷갈리는 경우가 많은데, '먹었는지, 먹는지, 먹을는지' 에서처럼 똑같이 'ㄹ는지' 가 붙는다는 것을 생각하면 기억하기 좋을 것이다.


■참고로 'ㄹ런가' 혹은 '을런가'가 붙어 물음을 나타내는 예로
쓰인 문장을 보자.

"그 일이 잘될런가."

"이게 꿈일런가 생시일런가." ('꿈이런가 생시런가'를 강조)

"얼마나 더 비쌀런가."

"이렇게 만들면 잘 먹을런가."

여기서 주의할 것은 '을런가'를 '을런고'로 쓰지 않도록 하는
것이다.

# ~었, ~였

지난 한해를 돌아다보니 실수투성이었다. 좀더 잘할 수 있었는데 내 노력이 부족했던 것 같다.

신년 초에는 결심하고 계획하는 것이 많은데 연말이 되면 후회스럽고 불만족스러운 것이 많다. 그만큼 알차게 살지 못했기 때문이겠지.

'었' 은 과거를 나타내는 어미이다.

'였' 은 '었' 의 변칙 어미로서 '하' 아래에만 쓰인다.

아주 기초적인 것인데 많이 혼동하여 쓰고 있다.

먼저 위의 예문 첫줄의 '실수투성이었다' 를 살펴보자.

'투성이었다' 의 정확한 표기는 '투성이이었다' 로서 '이' 와 '었' 이 합쳐져 '였' 이 되어 '실수투성이였다' 로 해야 바른 표기이다. 여기서 '투성이' 는 접사로서 앞말에 붙여서 쓴다.

'었' 과 '였' 을 혼동하는 것은 받침 없는 단어 아래에서 '이다' 의 '이' 가 생략되어 '다' 로 쓰일 때 흔히 그러하다.

예를 들자면

"이 박사는 그 분야의 전문가(이)다." 의 과거형은

"이 박사는 그 분야의 전문가이었다."이다.

'이었' 을 줄여서 '이 박사는 그 분야의 전문가였다.' 라고 하는 것이 바른 표기인 것이다. 그런데 '이 박사는 그 분야의 전문가이였다' 로 혼동하는 예가 아주 흔하다.

'였' 은 '하' 아래에서만 쓰인다는 것을 기억해 둔 후, '였' 인지 '었' 인지 혼동될 때는 '이' 가 생략되었는지 아닌지를 살펴보면 혼동되지 않을 것이다. 이가 생략된 것이라면 당연히 '였' 이지만 그렇지 않은 경우엔 반드시 '었' 을 써야 한다.

"너와 나의 만남은 필연이였어."
"그것이 우리 우정의 끝이였다니!"
"그렇게 한 것은 그 아이의 정성이였다는 것을 잊지 마."

위의 예문은 모두 '였' 을 잘못 쓴 것이다.

# 엎드려, 입바른, 안 그렇게

어제는 내가 좀 심했어. 네가 책상에 업드려 우는 것을 보고 내 마음이 얼마나 아팠는지 몰라. 입빠른 말을 할 때라도 듣는 사람의 기분을 생각해야 하는 건데. 정말 미안해. 앞으로는 않 그럴게. 우리 앞으로 더욱 친하게 지내자.

아이의 순수한 마음이 전해져 얼른 그 아이의 등을 쓰다듬어 주고 싶은 마음이 이는 글이다.

편지의 시작은 어쩜 부끄러움에서 비롯되지 않았을까? 말로 하기 어려운 것을 편지로 쓰면 고백하기가 훨씬 쉬워진다.

예문 첫째 줄의 '책상에 업드려' 는 '책상에 엎드려' 로 써야 바른 말이다.

'엎드려' 를 '업드려' 로 혼동하는 것은 아이나 물건을 등에 업는 '업다' 와 혼동하기 때문이다. 비슷한 예로 '엎드려 절 받기' 가 있다. 자칫하면 '업드려 절 받기' 로 쓰기 쉬운 것이다.

"너 벌 좀 받아야겠어. 여기 엎드려!"

이 때도 마찬가지로 '업드려' 가 아니고 '엎드려' 이다.

그리고 둘째 줄의 '입빠른' 은 '입바른' 으로 해야 한다. 예문을

191

통해 두 낱말의 차이점을 알아보자.

"입바른 말을 잘 하는 사람 앞에서는 행동이 조심스럽다."

"저 사람은 입빠른 사람이라 비밀 얘기를 할 수가 없어."

첫째 예문에서 보는 '입바른' 은 '바른 말을 잘한다' 의 뜻이고, 둘째 예문에서 보는 '입빠른' 은 '입이 가볍다' 의 뜻을 갖는다. 의미를 알고 나면 그다지 혼동할 낱말은 아니다.


셋째 줄의 '않 그럴께' 는 '안 그럴게' 로 써야 한다.

'안' 은 '아니' 를 줄인 말이고, '않' 은 '아니하' 를 줄인 말이다.

"앞으로는 안 그럴게."

"앞으로는 그러지 않을게."

〈요 주의 낱말〉


■여기서 '-ㄹ게' 에 대해 덧붙이자면 '말할게' '줄게' '볼게' 등을 '말할께' '줄께' '볼께' 등으로 잘못 쓰는 경우가 아주 흔하다. '께' 로 쓰려면 '-ㄹ게' 를 '께' 로 줄여서 '말하께' '주께' '보께' 로 해야 된다.

192

# 여태껏, 끼적거리고, 우레

하룻강아지가 범 무서운 줄 모른다고 여직껏 천둥, 번개가 얼마나 무서운지 몰랐다.

저녁때 혼자 있는데 날씨가 우중충하니 뭔가를 끄적거리고 싶어 공책을 꺼냈다가 글씨를 쓰기가 싫어 싸이월드에 접속하기 위해 컴퓨터를 켰다. 그 순간, 창밖에서 번개가 번쩍하더니 얼마 안 있어 우뢰소리가 요란하게 나는 거야. 마치 손끝에 전기가 온 듯이 짜릿하여 얼마나 놀랐는지.

하룻강아지가 호랑이(범)가 얼마나 무서운지 모르는 것은 호랑이에 대해 잘 모르기 때문이다. 그래서 무식한 사람이 용감하다는 말도 있다. 어떤 것에 대해 알면 알수록 어려워지고, 알수록 주춤주춤 망설여지는 것이 사실이다.

벼락을 경험해 보지 못한 사람들은 그게 얼마나 무서운지 잘 모를 것이다. 우리 주위에서 흔히 경험되는 일이 아니기 때문에 더욱더 그러하다.

첫줄의 '여직껏'은 '여지껏'이 옳은 표기이지만 그건 바른 말이 아니고 '여태껏' 혹은 '여태까지'라고 써야 바른 말이다.

뭔가를 끄적거리고 싶어서 연필을 든다. 그건 구세대의 얘기이고, 이젠 누군가의 마음을 두드리고 싶어서 컴퓨터를 켠다.

여기에서 잘못된 표기는 '끄적거리고' (셋째 줄)이다. 바른 표기는 '끼적거리고' 이다. 부사로 쓰일 때는 '글씨를 끼적끼적 쓴다' 고 말한다.

그리고 무서운 우레는 '우뢰' 가 아니고 '우레.'

위에서는 '우뢰소리' (여섯째 줄)라 썼는데 정확한 표기는 사이시옷이 첨가되어 '우렛소리' 이다.

# 연도, 년도, 바람

1999년도가 지나면 년도가 새로운 2000년, 21세기가 시작되는 해이다. 뭔가 새로운 일이 있을 것으로 기대된다.

어른들은 왜 이렇게 세월이 빠른지 모르겠다고 하지만 나는 세월이 빨리 갔으면 좋겠다. 어른이 되면 지겨운 시험공부도 안 하고 텔레비전도 마음대로 보고 늦게 자도 되고, 또 어디든 허락 안 받고 여행 다닐 수도 있고.

난 어른이 되면 하고 싶은 일들이 많다. 그래서 빨리 어른이 되는 것이 지금의 내 바람이다.

'세기'는 100년을 단위로 연대를 세는 말로서, 1세기는 1년부터 100년까지이고, 2세기는 101년부터 200년까지이다. 그리고 21세기는 2001년부터 2100년까지이다. 그러므로 2000년을 21세기의 시작으로 따지는 것은 잘못된 계산이다.

1999년도, 2000년도 등에서는 '~년도'가 맞지만 낱말의 처음에 쓸 때는 '연도'로 써야 한다.(첫줄) 출생 연월일, 사업 연도, 연도별 표시 등.

ㄹ이 말의 앞에서 ㄴ이나 ㅇ이 되고, ㄴ이 ㅑ, ㅕ, ㅛ, ㅠ, ㅣ 앞에서 ㅇ으로 바뀌는 두음법칙에 의한 것이다.

'남녀'가 옳지만 '녀'가 앞으로 나오면 '여'로 되어 여학교가 되는 것도 같은 현상이다.

그리고 마지막 줄의 '지금의 내 바램이다' 는 '지금의 내 바람이다' 로 써야 하는 것에 주의하자. 공기의 이동으로 일어나는 자연의 현상인 바람과 같아 보통 바램으로 많이들 쓰지만 '바람' 이 맞는 말임을 기억해 두자.

문장에 따른 변화를 살펴보자.

"네가 바라는 대로 이루어졌으면 좋겠다."
"네가 건강해지는 것이 지금의 나의 바람이야."
"형이 잘 되기를 바랐다면…"
"그렇게 되기를 바라."
"그렇게 되기를 바란다."
"그렇게 되기를 바랄게."

## 예부터, 해님

> 옛부터 '보기좋은 떡이 먹기도 좋다'고 했잖아. 그런데 그게 아니더라. 발렌타인데이 때 친구한테 받은 선물 중에서 예쁘게 포장된 것부터 뜯어 보았는데 안에 들은 게 마음에 안 들었어. 포장지가 별로 눈에 안 띄어 가장 나중에 뜯어 본 네 선물이 제일 마음에 들었어. 고마워. 역시 속이 좋아야 좋은 거야, 그렇지? 너와 나처럼.

'부터'나 '스럽다', '님' 등처럼 다른 낱말에 붙어서 쓰이는 의존적인 말에 연결될 때는 사이시옷을 쓰지 않는다. '사이시옷' 설명하는 부분에서 자세한 설명이 있었지만 사이 시옷은 낱말과 낱말이 합쳐 이루어진 합성어에서만 쓰인다.

'해님'처럼 '해'와 접미사 '님'이 합쳐져 이루어진 것은 합성어라 하지 않고 파생어라 한다. 즉, 파생어에는 사이시옷을 쓰지 않는다.

따라서 '옛부터'(첫줄), '옛스럽다', '햇님'은 '예부터', '예스럽다', '해님'이 바른 표기이다. 그런 예로 '나라님'을 들 수 있다.

'예부터'는 보통 '예로부터'로 쓰기도 하지만, '옛부터'라고 쓰는 것은 잘못된 것이니 주의하기를……. 설명을 덧붙이자면 '부터'는 조사로서 명사나 대명사 뒤에 쓰이는 게 맞는 것이다. '옛'은

명사나 대명사를 꾸미는 관형사이기 때문에 '부터' 앞에 붙을 수가 없는 것이다.

　발렌타인데이를 시작으로 화이트데이, 블랙데이, 빼빼로데이, 제 크데이 등 기념일을 즐기는 것이 청소년들의 새로운 풍속이 된 지 오래다. 기념일이 많아 인생을 즐겁게 사는 것은 좋은 일이긴 하나 그 발단이 과자 회사의 상술에서 시작된 것이어서 왠지……. 　유럽에서 시작된 발렌타인 데이를 동양으로 들여온 것은 일본의 초콜릿 회사다. 물론 그들의 작전대로 초콜릿 매상이 뛰어오른 것 은 두말 하면 잔소리.

# '오'와 '요'

은행에 갔는데 온라인 창구 표지판에 '번호표를 뽑고 앉아서 기다려 주십시요'라고 써 있더라. 며칠 전 국어 시간에 '오'와 '요'에 대해서 배운 생각이 나서 창구 언니한테 가서(갈까 말까 망설이다가 용기를 내어) 말했지. '기다려 주십시오'가 맞는 말이니 고칠 수 있으면 고쳐 쓰라고.

창구 언니는 상냥하게 웃으며 고맙다고 말하더니 책상 서랍을 열고서 초콜릿을 주더라. 좀 부끄럽긴 했지만 언니의 상냥한 웃음 때문에 기분이 좋았어.

받침이 없는 어간에 붙어 문장을 끝맺는 어미는 '요'가 아니고 '오'이다. 위의 예문처럼 '~해 주십시오'가 가장 많이 쓰이는 말로서 '주십시요'로 쓰고 있는 걸 은행이나 관공서에서 흔히 발견할 수 있다. 발음은 '요'로 나더라도 '오'로 쓴다.

가십시오, 하십시오, 해 주십시오 등도 마찬가지이다.

그 외에

"저리로 가시오."

"당신이 주인이오?"

"이것은 아주 좋은 물건이오."

"그게 사실이오?"

"그는 교사가 아니오."

　주의할 것은 '아니오'의 경우는 '아니오'와 '아니요' 둘 다 쓰는데, 위의 예문처럼 문장의 어미로 쓰일 때는 '오'로 하여 '아니오'라 해야 하고, '예'라는 대답에 대응되는 부정의 대답으로 쓸 때는 '아니요'라 쓴다. '아니요'의 경우는 '아뇨'로 줄 수 있지만, '아니오'의 경우는 '아뇨'로 줄여 쓸 수 없다.

"인수야, 밥 먹었니?"
"아니요(아뇨). 안 먹었어요."

　'요'는 문장 중간에 다음 문장을 연결하는 연결어미로도 쓰인다. 예를 들어,
"이 책은 소설책이요, 저것은 만화책이오."
"아버지는 나의 조언자요, 스승이시다." 등.

　그리고 위의 예문에서 틀린 낱말은 아니지만, 주의를 요하는 낱말 '초콜릿'을 기억하자. '초콜렛'으로 잘못 쓰는 경우가 많다. 외래어의 표기에 대해서는 뒤에서 다시 한 번 언급하려 한다.

# 오늘에야, 착잡하다

네가 전학 간다는 사실을 오늘이야 알았어. 그래서 미처 선물을 준비 못 했단다. 너와 헤어져야 한다는 사실에 얼마나 착잡한지 몰라.

헤어지는 마당에 왜 그동안 너한테 못해 준 것만 생각나는지 모르겠다. 그러니까 마음이 더욱더 착잡하다.

친한 친구와 갑자기 헤어지는 것은 정말 슬픈 일이다. 더욱이 그 사실을 갑자기 알게 되었을 때 슬픈 심정은 더할 것이다.

첫줄에서 '오늘이야 알았어'는 잘못된 표기로서 바른 표기는 '오늘에야 알았어'이다.

"오늘이야 그럴 수 있다 쳐도…"

'오늘'을 강조하는 뜻으로 '오늘이야'로 쓰는 것과 혼동하는 경우가 없도록 하자.

그리고 둘째 줄의 '착찹한지 몰라.'

바른 표기는 '착잡한지 몰라'이다.

뒤의 'ㅈ'이 앞의 'ㅊ'을 따라 '착찹'으로 발음되는 경향이 있어 착찹으로 잘못 쓰는 경우가 많음에 유의하자.

착잡하면 마음속이 복잡해진다.

# 오돌토돌, 거치적거리다

목욕탕에 갔다 온 후에 몸이 가려워서 보니까 살이 오톨도톨한 게 뭐가 잔뜩 났다. 그러니까 평소에는 아무렇지도 않던 옷이 얼마나 걸리적거리는지……

나쁜 피부병이 옮아 살이 이상해지면 어쩌나 하고 고민을 하다가 약국에 가서 물어보니까 피부병이 아니고 살이 예민해서 그런 것이래.

살에 뭐가 나서 도드라지거나 바닥이 고르지 않은 모양을 '오돌토돌' 혹은 '도톨도톨' 이라고 한다. 첫줄의 '오톨도톨' 은 잘못된 말이다.

다음에 잘못된 표기는 셋째 줄에 '걸리적거리는지', 바른 표기는 '거치적거리는지' 이다.
몸에 무엇이 자꾸 스치면 정말 거치적거린다.

■참고로 크거나 무거워서 주체하기 어려운 것의 바른 표기는 '거추장스럽다' 이다. '거치장스럽다' 가 아닌 것에 유의하자.
'추' 는 무거운 물건이다. 들고 다니기 '거추장스럽다.'

## 오랜만에, 엉큼하다, 어쨌든

너에게 오랫 만에 편지 쓴다. 방학하기 전에 툭하면 다투고 화해하고 했던 일이 떠올라 갑자기 네가 보고 싶어졌어. 응큼해서 우리가 싫어했던 지애까지 보고 싶은 거 있지.

숙제는 다 했너? 다른 학교와 비교해 보니까 우리 학교 숙제가 장난이 아니야. 어쨌든 남은 방학 동안 잘 지내. 오랜동안 나 안 봤다고 설마 얼굴을 잊어버리지는 않았겠지?

첫째 줄 '오랫 만에' 의 바른 표기는 '오랜만에.'

이 말은 '오래간만에' 의 준말로서, '오랫동안' 과 혼동하여 '오랫만에' 로 잘못 쓰는 경우가 많다. '오랫동안' 은 '오래' 와 '동안' 이라는 말이 합쳐지는 사이에 시옷이 붙어 '오랫동안' 이 된 것이다.

'오랜만에' 는 '오래간만에' 가 줄어서 된 말이므로 꼭 붙여 써야 하지만, '오년 만에, 닷새 만에' 처럼 기간을 나타낼 때는 '만에' 를 띄어 써야 한다는 사실을 기억해 두자.

다음은 둘째 줄에 '응큼.' 보기엔 안 그런 것 같으면서 뭔가 속셈이 있는 친구를 일컫는 말이다. 바른 표기는 '엉큼' 이다. 응큼이라는 말이 입에 붙어서 선뜻 엉큼이라고 말해지지 않는 단어이다.

"엉큼한 짓을 하려면 발걸음을 엉금엉금 걷는다."

다섯째 줄의 '어쨋든' 의 바른 표기는 '어쨌든.' '어찌 되었든' 의 준말이다. 그러므로 당연히 받침이 쓰인 '어쨌든' 이 되어야 한다.

# 오순도순

우리 엄마는 온 식구가 저녁 밥상에 오손도손 모여앉아 맛있게 밥을 먹을 때 행복감을 많이 느낀다고 하신다.

우리 엄마는 요리 솜씨가 좋아. 점심 도시락을 먹을 때 너도 내가 싸온 반찬이 맛있다고 늘 얘기하잖아. 우리 아빠도 우리 엄마가 해준 요리가 가장 맛있다고 하신다.

논 물꼬에 물 들어갈 때와 자식 입에 음식 들어갈 때가 가장 기쁘다고 세상의 모든 부모들은 말한다.

자신으로 인해 세상에 태어난 자식, 그 입에 맛있는 거 넣어 주고 싶은 것이 세상 부모들의 바람이요, 그걸 이루었을 때 느끼는 큰 기쁨은 시대가 바뀌어도 변하지 않는 감정일 것이다.

첫줄의 '오손도손'의 바른 표기는 '오순도순'이다. 북한 말로는 '도손도손'이라고 한다.

아프리카 초원에서 사자의 일가족이 사냥해 온 얼룩말이나 누우를 뜯어먹는 장면을 볼 때 피묻은 입을 보면 인상이 찌푸려지지만 오순도순 사는 '가족'의 모습에는 코끝이 시큰하지 않은가.

사람은 누구나 외로운 존재이다. 그래서 가족이 필요하고 친구가 필요하고 사랑이 필요하고, 서로 간의 이해가 필요하다. 외로움을 모르는 사람은 사랑도 모른다. 왜? 사랑 없어도 외롭지 않으니까.

# 왠지, 웬일

우리 학교 과학 선생님만 보면 왠지 우리 아빠가 생각난다. 얼굴이 비슷한 것도 아니고, 우리 아빠는 키가 작고, 선생님은 키가 큰데도 왠지 모르게 느낌이 비슷해.

위의 예문에서는 틀린 낱말이 없다.

여기서 '왠지' 와 '웬' 을 살펴보자.

'왠지' 는 '왜인지' 의 준말이다. 그 원인이나 이유를 알 수 없다는 뜻으로 쓰이는 말로 '왠지' 라는 낱말 말고 '왠' 이 쓰이는 낱말은 없다.

'웬' 은 '무슨' 의 뜻으로 쓰이는 낱말이다.

그 낱말이 쓰인 예를 든다면

"엄마, 이게 웬 옷이야?"

"너 웬일로 그렇게 울고 있었니?"

"이게 웬 날벼락이야!"

이렇게 구분해서 써야 하는데 '웬' 을 써야 할 자리에 '왠' 으로 잘못 쓰는 경우가 많다.

"너 왠일로 이렇게 일찍 나왔니?"

"네가 이런 선심을 쓰다니 왠일이니?"

위의 두 예문은 '왠' 을 '웬' 으로 바꿔 써야 바른 말이다.

# 외래어 · 외국어의 바른 표기

> 야, 우리 엄마는 텔레비젼만 보면 성화이시다. 나는 텔레비젼을 보는 것이 왜 문제인가를 모르겠어. 우리들이 얼마나 텔레비젼을 좋아하는지 어른들은 모르시는 것 같아. 그 시간에 공부하라고 그러시는 거지 뭐. 몇 시간씩 보는 것도 아니고 내가 좋아하는 가수들이 나오는 음악 프로와 코메디 프로 그리고 시트콤 드라마 몇 편 보는 게 전부인데.

외래어는 우리말의 많은 부분을 차지한다. 표기법도 까다롭고, 말하는 것과 쓰는 것에 차이가 많다.

잘못 쓰이고 있는 말을 짚어 보기 전에 잠깐 외국어와 외래어의 차이를 짚고 넘어가자.

'외국어' 는 말 그대로 다른 나라의 말을 얘기하는 것이고, '외래어' 는 외국으로부터 들어온 말이 우리말처럼 된 말이다.

외국어와 외래어가 우리말 깊숙이 파고들어 와 있기 때문에 어느 말이 외국어이고, 어느 말이 외래어인지 구분짓기 어려운 경우가 많다. 그걸 가리는 방법으로서 외국어는 우리말로 부를 수 있는 말이 있고, 외래어는 적당한 우리말로 바꾸어지지 않는 것으로 구분하면 틀림이 없다.

예를 들어 텔레비전은 다른 특별한 이름이 없이 외국어를 그대로 쓰기 때문에 우리말이 돼(되어) 버린 외래어이다.

그러나 공책을 노트라고 하거나 잔을 컵, 상자를 박스로, 연필을 펜슬로, 열쇠를 키라고 하고, 또 문을 도어라고 하는 것은 우리말을 두고서 외국어를 쓰는 것이다.

될 수 있으면 고운 우리말을 쓰는 것을 생활화하자. 그것이 나라 사랑의 첫걸음이고, 우리의 자존심을 지키는 첫걸음이 아니겠는가.

이번엔 표기법에 대해 알아보자.

외래어를 적을 때 받침에는 'ㄱ, ㄴ, ㄹ, ㅁ, ㅂ, ㅅ, ㅇ'만을 쓰도록 되어 있다.(외래어 표기법 제1장 제3항) 만약에 '슈퍼마켙'이나 '커피숖'과 같은 경우 '슈퍼마켓', '커피숍'으로 해야지 원래 외국어 스펠링을 의식하여 'ㅌ'이나 'ㅍ'으로 하면 안 된다. 또 부처님을 뜻하는 '붓다'의 경우도 '붇다'로 많이 쓰는데, '붓다'가 맞다.

그리고 파열음 표기에는 된소리(ㄲ, ㄸ, ㅃ, ㅆ, ㅉ)를 쓰지 않는다.(외래어 표기법 제1장 제4항) 그래서 '에스파냐' 같은 경우, 실제 발음이 '에스빠냐'에 가깝다 하더라도 '에스파냐'로 적어야 한다는 말이다.

우리말의 표기법대로 발음하면 외국인들이 무슨 말인지 못 알아들을 만큼 표기법과 실제의 발음이 다르다는 것을 말해 두면서, 흔히 쓰는 외국어나 외래어에서 잘못 쓰이고 있는 것을 중심으로 알아보도록 하겠다. 예문에서처럼 '텔레비전'을 '텔레비젼'으로 많이들 착각하고 있지만 텔레비전이 바른 말이다.

'ㅈ'이나 'ㅊ' 뒤에는 이중모음(ㅑ, ㅕ, ㅛ, ㅠ)과 단모음의 발음이 구별되지 않는 특징이 있다. '쥬스', '레져'를 발음해 보자. '주스', '레저'와 별로 다르게 들리지 않는다. '비젼' / '비전', '츄잉' / '추잉'도 마찬가지. 그러므로 굳이 어렵게 이중모음으로 적지 않는 것이다.

그러면 외국어와 외래어 구분하지 않고 바른 표기를 알아보겠다.


코메디가 아니라 '코미디', 유우머는 '유머'로 써야 하고, 예전에는 라듸오로 표기하였으나 바른 표기는 '라디오', 리모콘은 '리모트 컨트롤'이 줄어서 '리모컨', 에니메이션은 '애니메이션', 초코렛의 바른 표기는 '초콜릿', 메세지는 '메시지', 메뉴얼은 '매뉴얼', 앙케이트가 아니라 '앙케트', 미스테리는 '미스터리.'

알콜이 아니라 '알코올', 뺏지가 아니라 '배지', 수퍼마켓이 아니라 '슈퍼마켓', 카운셀링은 '카운슬링', 비니루가 아니라 '비닐', 바이얼린은 '바이올린'이 바른 말이고, 아이들이 맛있게 먹는 빨간밥은 '오므라이스', 생일날 먹는 맛있는 케잌은 '케이크'가 바른 말이다.

피라미드일까, 피라밋일까? '피라미드'가 옳다. 피라미드와 함께 떠오르는 무섭고도 신기한 미이라, 바른 표기는 '미라'이다. 길가 전봇대에 다닥다닥 붙어 있는 상표 중에 이삿짐 센타 상표가 만만치 않은데 바른 표기는 이삿짐 '센터.'

남자 아이들이 환상적으로 집착하는 장난감의 으뜸은 로보트. 옳은 표기일까? 아니다. 바른 표기는 '로봇'이다.

여자들이 좋아하는 악세사리는 '액세서리.' 액세서리 얘기가 나온 김에 짚고 넘어갈 낱말이 있다. 목걸이는 목에 거는 장식물이라서 '목걸이'가 바른 말이지만, 귀를 장식하는 장식물은 '귀걸이'가 아니라 '귀고리'이다. 고리 모양의 것이라서 그런 것인가 보다.

그리고 금메달을 목에 건 참피언은 '챔피언'이 바른 말. 스포츠 챔피언의 사진을 찍을 때 사용하는 필림은 필림이 아니라 '필름', 실내에서 사진을 찍을 때는 후래시를 터뜨려야 하는데 후래시가 아니고 '플래시', 햇빛 가리는 커텐은 '커튼', 햇빛이 강한 여름날에 인기가 좋은 에어콘의 바른 말은 '에어 컨디셔너'가 줄어서 '에어 컨.'

어머니들 피부를 좋게 하기 위한 오이 맛사지는 오이 '마사지'가 바른 말, 간단한 계란 프라이를 해먹는 후라이팬의 바른 말은 '프라이팬', 프라이팬을 달구는 전자렌지는 '전자레인지'이다.

여기서 주의할 낱말이 있다. 같은 낱말이지만 뜻이 다른 경우이다. 예를 들면, 머리를 자른다는 뜻을 가질 땐 '커트'가 맞고 영화의 한 장면이나 인쇄물의 삽화를 뜻할 경우엔 '컷'이라 해야 한다.

그것과 경우는 다르지만, 사람의 유형을 얘기할 때는 '타입'이라 해야 하고, 타자기를 뜻하는 경우에는 '타이프'라고 한다. '타이프'는 원래 '타이프라이터'의 준말이다.

# 움츠린, (눈)덮인, ~이어서

겨울이 되면 추워서 몸이 움추러들면서도 눈을 생각하면 은근히 겨울이 기다려진다. 그리고 크리스마스 전날밤에 함박눈이 내려 화이트 크리스마스가 되었으면 하고 바라게 된다.

온 세상이 하얀 눈에 덮힌 것을 보고 있노라면 마음이 푸근해지고 공연히 기쁘다. 하얀색이 마음을 깨끗하게 하는 색이여서 그럴까, 지저분한 거리가 안 보이게 눈에 덮혀서 그럴까.

눈이 오면 마음이 즐거워지는 이유는 무얼까?

그건 오직 한 가지, 눈을 보고 즐거워하는 사람의 마음이 순결하고 깨끗하기 때문이다.

눈을 보고도 마음이 즐거워지지 않는 사람도 있다. 나이가 들수록 눈이나 비 오는 것에 마음이 둔해지는데 그건 그만큼 마음이 순수하지 않기 때문이다.

위에서 틀린 부분을 찾아보자.

첫번째 것은 첫줄에 '움추러들면서도.' 바른 말은 '움츠러들면서도.'

아주 틀리기 쉬운 낱말이다.

몸을 움츠리면 몸이 작아진다. '추' 보다는 '츠' 가 더 작은 글자이므로 몸을 오므릴 때는 '움추리다' 가 아니고 '움츠리다' 이다.

두 번째 틀린 것은 넷째 줄에 '덮힌' 과 마지막 줄에 '덮혀서' 이다. 바른 표기는 각각 '덮인' , '덮여서' 이다.

'덮히다' 로 착각하기 쉬운 요주의 낱말.

'눈에 덮이어(덮여) 있는 산.'

'이불에 덮이어(덮여) 있는 아기.'

'덮여' 는 '덮이어' 의 준말인 것이다.

마지막으로 다섯째 줄의 '색이여서' 는 '색이어서' 로 써야 바른 말. 189쪽에서 설명한 '었' , '였' 과 같은 것이지만 다시 한 번 강조하고자 한다.

"그녀는 인정많은 사람이어서 그런지 눈물 또한 많다."

"동호는 장난꾸러기이어(여)서 다루기 힘들어."

"그는 고아이어(여)서 외로움을 잘 탄다."

"마지막 차례이어서 긴장이 덜 된다."

지금부터 어미 '~이어서' 를 '~이여서' 로 쓰는 일이 없기를!!

# (한)움큼

엄마 심부름으로 시장에서 방울토마토를 사는데 저울에 잔뜩 올려놓았다가 한 움큼 덜어 내는 것을 보니까, 조금 주는 것 같아서 기분이 안 좋았다.

냉면 가게에서 '계란을 넣어 드릴까요, 넣지 말까요?' 하고 말하던 것을 '계란을 하나 넣어 드릴까요, 두 개 넣어 드릴까요?' 하고 말하면서 더욱 장사가 잘 되었다는 얘기가 있다.

사람들은 대개 부정적인 어투에 반감을 갖게 마련이다. 그래서 긍정과 부정 중에 어느 하나를 선택하는 것보다 긍정적인 말 중 어느 하나를 선택하는 것에 더 편안함을 느낀다.

우리는 무의식중에 부정적인 말을 많이 사용하는데 조금 신경 써서 긍정적인 말투를 사용한다면 듣는 이가 좀더 편할 것이다.

"공부 할래, 안 할래?", "같이 갈래, 말래?"

따위는 감정적으로 들린다. 반면에

"공부 열심히 해라.", "같이 가자."

훨씬 더 부드럽게 들린다. 사람의 감정은 말의 내용보다 말투에 더 민감하게 작용하는 법!

본론으로 가서 둘째 줄에 '한 움큼'을 보자. '한 웅큼'이나 '한

웅쿰'으로 많이 쓰나 바른 표기는 '한 움큼'이다.

"손에 한 움큼 움켜 쥐는 걸 보니 욕심이 많은가 봐."

# (차가)워, (도)와, 쌓여

방학이 끝나고 친구들을 오랜만에 만나 너무 반가와서 친한 애들끼리 서로 껴안았다. 운동장에는 며칠 전에 내린 눈이 싸여 있어 우리들은 눈을 뭉쳐 눈싸움을 하였다. 장갑을 끼지 않아서 손이 얼마나 시려웠는지. 내가 차가와진 손을 몰래 기영이 목덜미에 대었더니 기영이는 놀라서 비명을 질렀다.

아름답다, 차갑다, 새롭다, 괴롭다, 곱다, 돕다, 줍다 등 ㅂ받침이 있는 용언은 '곱다'와 '돕다'를 제외하고 모두 '워'로 변화한다.

워 : 아름다워, 차가워, 새로워, 괴로워, 가까워, 사나워, 슬기로워, 보드라워, 반가워, 주워 등.

와 : 고와, 도와.

어미는 양성모음 아래에서 역시 양성으로 변하는 것이 원칙이다. 양성모음이라 함은 ㅏ, ㅑ, ㅗ, ㅛ, ㅘ.

그래서 예전에는 아름다와서, 향기로와서 등으로 썼으나 개정 맞춤법에서는 '곱다'와 '돕다'를 제외한 ㅂ받침이 있는 용언(정확하게는 ㅂ변칙 용언)은 모두 '워'로 변화한다.

예문 첫줄의 '반가와서'는 '반가워서'가 바른 말이고, 넷째 줄의 '차가와진'은 '차가워진'이 바른 말이다.

한 가지 간단하게 덧붙이면,

■양성모음은 양성끼리, 음성모음은 음성끼리의 원칙은 과거형 어미에서도 마찬가지이다.

· 양성모음인 경우의 예를 먼저 들어 보면,
잡았다, 도왔다, 바빴다, 솟았다, 잘랐다, 좋았다 등.

· 음성모음(중성모음인 ㅣ와 양성모음을 제외한 나머지 모음. ㅓ, ㅜ 등)인 경우.
먹었다, 두었다, 기뻤다, 주웠다, 뺏었다, 뱉었다 등.

그러므로 잡었다, 잘렀다, 골렀다, 바뻤다 등은 잘못된 표기이다. 양성모음 ㅏ 아래에 음성모음 ㅓ가 쓰였으므로.

그리고 둘째 줄에 '싸여'는 '쌓여'가 바른 말.
산더미같이 쌓아 둔 물건, 그렇게 높이 쌓으면 무너진다 등, 물건이 쌓여 있는 것을 뜻하는 낱말이다. '쌓' 자는 'ㅎ' 위에 '싸' 자를 보기좋게 쌓아 놓은 글자이다.
포대기에 싸여 잠을 자는 아기, 이것 좀 보자기에 싸줄래 등과 구별해 쓰자.

# 으레(껏), 까짓것, 날름

동생이 잘못해서 싸운 것인데도 싸웠다 하면 으레껏 나를 야단치는 엄마와 아빠가 정말 미울 때가 많다. 까지껏, 누나인 내가 참지 하고 마음을 먹다가도 메롱 하면서 혀를 낼름 내미는 동생을 보면 정말 화가 난다. 참으려고 해도 눈물이 나와 내 방으로 뛰어 들어가 책상에 엎드려 한참 울곤 한다.

지금도 동생하고 싸워서 엄마한테 야단 맞고 내 방에 들어와 울다가 너에게 편지 쓰는 거야. 정말 화가 나.

동생을 둔 사람이라면 이런 경험이 많을 것이다. 잘잘못을 따져서 야단을 치면 좋을 것을 어른들은 형이나 누나를 야단치는 경우가 대부분이다. 윗사람이 아랫사람에게 양보하는 마음을 가르치려 하는 것이니 그런 마음 이해하기를.

첫줄의 '으레껏'는 '으레'가 옳은 표기이고, 둘째 줄의 '까지껏'은 '까짓것'이 옳다. 또 셋째 줄의 혀를 내미는 행위는 '낼름'이 아니고 '날름'이다.

'으레'는 '으례'를 간단히 표기하자는 뜻.

'까짓것'은 '그까짓 것'의 준말이다. '까짓'은 대명사에 붙는 접미사로 약간 멸시하는 의미가 담겨 있다. 그까짓, 저까짓, 네까짓

등.

'날름' 은 혀를 날쌔게 움직이는 모양이라는 뜻으로 이해하면 기억하기 좋을 것이다.


'날름' 은 모양을 표시한 의태어이다. 우리나라 말에서 의성어와 의태어는 다양하게 표현되는 재미있는 낱말 중의 하나이다. 그런데 실제 생활에서 쓰이는 것과 글로 쓰는 것이 너무 다른 게 많다. 그래서 의성어와 의태어를 글에서 쓰기가 여간 까다롭지가 않다. '날름' 의 경우도 보통 '낼름' 이라고 하지 '날름' 이라고는 잘 말하지 않는다.

예를 들면, 후다닥, 거무틱틱, 주루룩 등. 바른 표기는 각각 '후닥닥, 거무튀튀, 주르륵' 이다.

그 외 오손도손, 굽신거리다, 맨날, 허구헌날, 맹숭맹숭, 웅큼한, 건대기 등도 있다. 물론 바른 말은 '오순도순, 굽실거리다, 만날, 하고한날, 맨송맨송, 엉큼한, 건더기' 이다.

# 이따가 · 있다가, 잇따라

내 친구가 온다고 해서 지금 나갈 수가 없어. 모처럼 네가 전화했는데 정말 미안하다. 있다가 다시 전화해 줄래?

오늘은 친구들의 전화가 왜 이렇게 몰려오는지 정신이 없네. 한 통화 끝내면 또 오고… 잇달아 네 통화째야.

'조금 지난 뒤에' 라는 뜻을 가진 둘째 줄의 '있다가' 는 잘못된 표기로 바른 표기는 '이따가' 이다.

'있다가' 가 바르게 쓰인 예문을 보자.

"조금 있다가 다시 전화해 줄래?"

"더 있다가 가면 안 되겠니?"

다음 넷째 줄의 '잇딸아' 는 '잇따라' 혹은 '잇단' 으로 해야 바른 표기이다.

"겨울철 잇단(잇따른) 화재로 인하여 재산 피해가 늘고 있습니다."

'잇단' 은 '잇달다' 를 기본형으로 하고, '잇따른' 은 '잇따르다' 가 기본형이다.

건조한 겨울철이나 봄철에는 화재가 많이 발생하여 9시 뉴스의

220

머릿기사로 잇따라 등장하고 있다. 사건이 뒤를 이어 따라오듯이 또 '연달아' 의 뜻을 가지고 있는 낱말이다.


　'잇달다' 가 바로 쓰인 예를 보면,

　"연의 꼬리를 잇달았다."

　"기차의 화물칸을 객차에 잇달았다." 를 들 수 있겠다.

# 이르다, 핑계

무슨 일이 생기면 선생님께 일르는 아이도 싫지만 영선이처럼 핑계를 잘 대는 애도 정말 싫더라.

누구의 잘못을 고자질하는 것, 너무 빠르다는 뜻, 목적지에 닿거나 어떤 사태에 닿았을 때, 알려 주거나 뭐라고 말하다의 뜻을 가진 말이 다 똑같이 '이르다'이다.

예문 첫줄에 선생님께 '일르는' 아이는 선생님께 '이르는' 아이로 바꿔 써야 한다. 바르게 쓰인 예문은

"영선이는 너무 잘 일러."

"걔처럼 이르기를 잘하는 애가 또 있을까?"

"네게 이를(일러 둘) 말이 있다."

"시기가 너무 일러서……"

"그렇게 이른 시기에……"

"내게 그런 핑계 대지 마. 입장 바꿔 생각을 해봐. 네가 지금 나라면 웃을 수 있니."

한때 많은 사랑을 받았던 가요 '핑계'의 노랫말이다.

핑계를 댈 때는 말이 많은 법. '핑게'보다는 '핑계'가 한 획이 더 많다. 그러니 '핑계' 대는 데 어울리는 낱말이지.

# ~이에요, 가르치다

선생님, 저 수미에요.

스승의 날이 되니까 선생님이 생각나 편지를 드립니다.

항상 자상한 모습으로 우리를 가르키던 선생님의 모습이 편지를 쓰는 지금도 눈앞에서 어른거려요. 저는 선생님의 제자답게 훌륭한 어른이 될 거예요. 지켜보세요. 중학생이 되어 공부도 더 열심히 하고 있어요.

첫줄의 '수미에요'에서 '에요'는 '예요(이에요)'로 바꿔 써야 한다. 서술격 조사 '~이다'의 '이'와 '에요'가 합쳐져 '이에요'가 되는데, 위의 경우는 '수미이에요'가 줄어 '수미예요'가 된다.

개구쟁이이에요 → 개구쟁이예요, 정민이이에요 → 정민이예요, 제가 아니에요 → 제가 아네요.

그러나 '거예요'는 '것+이에요'가 줄어서 '거예요'로 쓴다.

여기서 보너스 하나, '그렇단 말이에요', '진실이에요'처럼 '이에요'가 받침이 있는 낱말에 쓰일 때는 줄여서 '말예요', '진실예요'로 쓸 수가 없다는 것!

셋째 줄의 '가르키던'은 '가르치던'으로 써야 옳은 표기이다. 손으로 어느 방향을 알려 주는 것은 '가리키다' 이고, 선생님이 아이들에게 지식을 전달하는 것은 '가르치다' 이다.

'가르침' 이란 말을 상기해 보면 기억하기 좋을 것이다.

# 읽히다, 잊히다

버림받은 여인보다 더 불쌍한 여인은 / 쫓겨난 여인입니다.

쫓겨난 여인보다 더 불쌍한 여인은 / 죽은 여인입니다.

죽은 여인보다 더 불쌍한 여인은 / 잊혀진 여인입니다.


위의 예문은 잘 알려진 어느 시의 후반부이다. 맨 마지막 구절에서 '잊혀진 여인'이 죽은 여인보다 더 불쌍하다고 표현되어 있다.

여기서 '잊혀진'은 '잊힌'이 바른 말이다.

본말인 '잊다'의 피동형으로 '읽다'가 '읽히다'가 되고, '묻다'가 '묻히다'가 되는 것과 같은 현상이다. 그런데 우리는 보통 '잊히다'보다는 '잊혀지다'로 더 많이 쓰고 있어 오히려 '잊힌다'가 이상하게 들린다.

바른 문장을 보자.

"너의 그 말이 잘 잊히지 않는다."

"사람들에게 이미 잊힌 일들을 이제 와서 왜 꺼내는 거지?"


"그 책은 많은 사람들에게 읽힌 책이다."

"내 마음이 네게 읽힌 것 같아 부끄럽다."

'읽히다'가 '읽혀지다', '잊히지'가 '잊혀지지'로 되는 것은 아마 피동형이 이중으로 강조되는 번역투 문장의 영향을 받은 때문이 아닌가 한다. 그런 예를 더 들어 보면, '되어지다, 감겨지다, 묻혀지다, 쓰여지다, 먹혀지다' 등이 있다. 이는 '되다, 감기다, 묻히다, 쓰이다, 먹히다'로 해야 바른 말이다.

# 있음(있습니다), 없음(없습니다)

일을 하였습니다.

먹을 것이 하나도 없습니다.


빈 방 있음.(있슴 ✕)

빈 방 없음.(없슴 ✕)


1988년 맞춤법 개정이 있기 전까지도 위의 예문은 '일을 하였읍니다', '하나도 없읍니다' 로 쓰는 것이 맞는 말이었다.

어미 '읍니다' 가 '습니다' 로 바뀐 이후 간혹 '있습니다' 를 줄여서 '있슴' 으로, '없습니다' 를 '없슴' 이라고 쓴 것을 볼 때가 있다.

위에서 '습니다' 는 낱말(어) 끝(미)에 붙는 어미이므로 앞에 꼭 붙여 써야 한다.

그런데 '있습니다' 를 줄여서 '있슴' 으로 하면 왜 안 되는 걸까?

정답은, '있음' 은 '있습니다' 를 줄인 말이 아니기 때문이다. 여기서 '음' 은 동사를 명사형으로 바꾸는 또다른 어미이다.

'죽다' 가 '죽음', '먹다' 가 '먹음' 으로 되는 것과 똑같은 이치이다. 그러므로 '있슴', '없슴' 은 틀린 말이 되는 것이다. 우리말에서 '슴' 이라는 어미는 없다.

열쇠를 내 책상 위에 놓은 채 문을 잠구고 나와서 두 시간을 밖에서 있느라 혼났다. 엄마가 일찍 들어오셨으니까 다행이지 안 그랬으면 오빠 올 때까지 한두 시간 더 있어야 했다.

‘문을 잠그다’와 ‘손을 담그다’가 문장에서 변형이 될 때 흔히 위의 예문처럼 혼동을 하는 경우가 많다.

문을 잠구고 나와라 → 문을 잠그고 나와라
문을 잠궈 둔 채 → 문을 잠가 둔 채
네가 문을 잠궜니? → 네가 문을 잠갔니?

손을 물에 담구고 있어 → 손을 물에 담그고 있어
손을 물에 담구어라 → 손을 물에 담가라
김치를 담구는데 → 김치를 담그는데

우리말의 까다로운 성질 중의 하나가 바로 위와 같은 것이다. 낱말의 기본형을 알고 있어도 그 낱말이 문장에 따라 어떻게 변화하는지를 모르면 글을 쓰는 데 어려움을 겪는다.

# 장사 · 장수, 서른

아침 등굣길에 항상 만나는 아저씨가 있어. 배추며, 감자, 당근 등의 채소를 잔뜩 실은 리어카를 끌고 가는 야채 장사.

나이 많이 든 사람이 힘겹게 리어카를 끌고 가는 모습도 보기 딱하지만 젊은 아저씨가 리어카를 미는 모습도 딱해 보이기는 마찬가지였다.

저 아저씨 학교 다닐 때 공부를 못했을까? 그래서 저런 모습일까? 잠시 그런 생각을 했어.

어른들이 아이들에게 공부하라고 할 때 덧붙이는 말이 있다.

"공부 못하면 나중에 커서 구두닦이나 청소부밖에 안 돼!"

공부를 잘하면 좋은 직업을 선택할 기회가 많은 건 사실이지만 남의 눈에 좋아 보이는 직업이 좋은 직업은 아니다. 자신의 성격이나 능력에 맞춰 선택한 직업이 가장 좋은 직업이다.

위에서 잘못된 표기는 둘째 줄의 '야채 장사'와 셋째 줄의 '설흔.' '장사'와 '장수'를 구별해 보자.

'장사'는 물건을 파는 행위를 말하고, '장수'는 장사를 하는 사람을 말한다. 따라서 예문 둘째 줄의 '야채 장사'는 '야채 장수'로 써야 한다.

'설흔'은 '서른'의 잘못된 표기이다.

'서른'을 '설흔'으로 잘못 알고 있는 건 마흔이나 일흔과 혼동하기 때문이다.

## 장이와 쟁이, 하시기에

예진아, 너하고 신촌에 가서 새로 산 옷 있잖아, 그 옷을 입고 이모 댁에 갔었다. 이모부가 나를 보더니 '야, 중학생이 되더니 멋장이가 되었네' 하시길래 '저 원래 멋장이였어요.' 그랬더니 우리 엄마가 어른에게 버릇없이 대꾸한다고 혼내시더라. 그래도 멋장이라는 말을 들어서 기분은 좋았어.

1318(13~18세) 시기는 자의식이 싹터 확립되는 때이다.

부모가 사다 주는 옷을 촌스럽다고 입지 않고, 머리를 한 대 쥐어 박아도 기분 나쁘게 왜 머리를 때리냐고 대드는가 하면 부모와 함께 외출을 할 때면 부모님의 차림새가 촌스러운지 아닌지 살짝 훑어보기도 한다.

처음으로 자신이 직접 고른 옷을 입었는데 멋쟁이라는 말을 들었다면 그 기분은 정말 좋을 것이다. 둘째, 셋째 줄의 '멋장이'는 '멋쟁이'가 옳은 말이다.

'장이'와 '쟁이'를 구별해 보기로 하자.

옹기장이, 미장이 등 기술자를 말할 때는 '장이'라 하고, 사람의 성질이나 습관을 말할 때는 '쟁이'라 한다.

'장인 정신'이라는 말을 많이 들었을 것이다. 옹기장이나 도기장이 등 기술을 지키고 계승시키기 위해 노력하는 사람들에게 장인 정신이 있다고 말한다. 그들을 일컫는 말이 '장이'이다.

예전에는 그런 기술을 가진 사람들을 천하게 여겨 그 사람을 낮춰 부르는 뜻에서 장이, 혹은 쟁이라는 접미사를 붙였지만 신분에 구별을 두지 않는 요즘에는 그런 기술을 간직하고 전수하는 사람을 높이 평가하고 있다.


이번에는 셋째 줄의 '하시길래'를 보자. 보통 말할 때 많이 사용하는 말이지만 그건 정확히 표준어가 아니니 '하시길래'라고 하지 말고 '하시기에'라 쓰도록 하자.

네가 한다길래 → 네가 한다기에

그러길래 조심하지 → 그러기에 조심하지


■참고로 말습관에 따른 것 하나 더 지적하자.

"갈래야 갈 수가 없는 형편이야."

→ 가려야 갈 수가 없는 형편이야.

"잘 할래도 시끄러워서 집중이 안 돼."

→ 잘 하려도 시끄러워서 집중이 안 돼.

로 해야 바른 말이다.

위에서 '가려야'는 '가려고 해야', '하려야'는 '하려고 해도'의 뜻을 갖는다.

# 재떨이, 그렇지·그러지

우리 아버지는 잔심부름을 잘 시키신다. 혜린아, 하고 불러서 가 보면 '저기 가서 재털이 좀 가져와!' 하신다. 어디 있냐고 물으면 니가 알아서 찾아와 하시는 거야. 왜 아버지들은 스스로 움직이지 않고 시키기를 좋아하실까. 나는 커서 절대 그렇지 않을 거야.

맞다. 우리의 아버지들은 심부름을 잘 시킨다. 주방에서 바쁘게 일하는 어머니를 불러서 '냉수 좀 갖다 주구려' 하는 것은 좀……

먼저 둘째 줄의 '재털이'를 보자.

재떨이는 재를 털어내는 그릇이 아니고 재를 떨어뜨려 놓는 그릇이다. '먼지떨이'도 마찬가지. '먼지털이'가 아닌 '먼지떨이'가 바른 말이다.

이번엔 좀더 주의를 요하는 '그렇지'와 '그러지'의 차이에 대해서 알아보자.

사람 심리가 어렵다고 하면 자신도 모르게 긴장을 한다. 그래서 그런지 어려운 일을 할 때보다 쉬운 일을 할 때 실수를 더 많이 한다.

"가만히 생각해 보니 정말 그렇지?"

"가만히 생각해 보니 정말 그러지?"

위의 두 문장 중에 어느 것이 맞을까?

'그렇지'는 '그러하지'의 준말이고, '그러지'는 '그렇게 하지'의 준말이다. 위의 예문을 각각 '그러하지'와 '그렇게 하지'로 말을 바꾸어 보자.

"가만히 생각해 보니 정말 그러하지?"

"가만히 생각해 보니 정말 그렇게 하지?"

첫 번째 문장이 맞는 말이다.

두 번째 문장은 말이 되지 않는다.

따라서 위의 예문 마지막 줄의 '그렇지 않을 거야'는 바른 표기가 아니다. '그렇게 하지 않을 거야'라는 뜻이므로 '절대 그러지 않을 거야'가 맞는 표기이다.

# 조리다, 졸이다

오늘은 왜 그런지 배가 일찍 고파 엄마한테 저녁을 빨리 먹자고 해서 엄마가 고등어 졸임을 만들고 계시는데 그 냄새가 배고픔을 더욱 부채질한다.

생선을 간장이나 고추장으로 양념을 하여 국물이 적게 끓여(졸여) 만든 것을 '생선조림'이라고 한다. 위의 둘째줄에 '고등어 졸임'은 '고등어 조림'이 맞는 표기이다. 통조림이나 병조림과 함께 기억해 두면 오래 기억될 것이다.

'졸이다'가 쓰인 바른 예를 들어 보면
"들킬까 봐 마음을 얼마나 졸였는데."
"갈비 국물을 적당히 졸여야 살이 부드럽고 맛있어."
"그렇게 마음을 졸이고서 어떻게 사니?"

■ 참고로 무엇을 끈덕지게 요구하는 것은 '조르다'이다.
"애가 어쩌나 조르는지 할 수 없이 사 주었어."
"쟤는 조르기 시작하면 거절할 수가 없을 정도야."
"그렇게 졸라 댄다고 부탁을 들어 줄 줄 아니?"

235

# 주워서, 돌멩이, 알맹이

지갑을 주어서 열어 보니까 글쎄, 돈이 하나도 없어. 아니 정확히 말하자면 10원짜리 몇 개와 피자 가게 회원카드 한 장밖에 없더라. 지갑은 괜찮은 것 같던데. 완전히 알멩이 없는 껍데기지 뭐야. 돌맹이 던지듯 휙 던지려다 그냥 그 자리에 두고 왔어, 잘했지?

물건을 줍는 것을 '주어서' 나 '줏어서' 로 잘못 쓰는 경우가 많다. 산토끼를 한 번 불러 보자. 토실토실 밤토실 주워서 올 테야. 산토끼도 밤을 '주워서' 온다고 노래하지 않는가.

첫줄에 지갑을 '주어서' 는 '주워서('주우어서' 의 준말)' 로 써야 바른 말이다.

문장에 따른 변화를 보자.

"쓰레기를 주우니까 거리가 깨끗해졌다."

"쓰레기를 주우러 간다."

"남의 지갑을 주웠다면 돌려 줘야지."

"그것 좀 줍지 그래?"

다음은 셋째 줄의 '알맹이' 와 넷째 줄의 '돌맹이' 를 보자. '멩' 인지 '맹' 인지 도대체…. 바른 표기는 '알맹이', '돌멩이.'

사람이 알맹이가 없으면 맹하다는 소리를 듣는다.

# 지그시, 지긋이, 십상이지

있잖아, 나 음악 시간에 졸다가 하마터면 선생님한테 들킬 뻔했어. 우리가 언제 클래식 음악을 들어보기나 했냐? 음악 선생님이 눈을 지긋이 감고 잘 감상해 보라고 하셔서 눈을 감고 음악을 듣는데 너무 따분해서 졸음이 오는 거야. 동방신기나 SG워너비라면 모를까, 그런 음악을 들으면 졸기 쉽상이지.

셋째 줄에 쓰인 '지긋이'와 '지그시'를 구분해 보자.

위의 예문에서처럼 눈을 감은 모습을 나타내는 부사로 쓰일 때는 '지그시'라고 표기해야 한다.

"좀 지긋이 앉아 있을 수 없겠니?"

"나이가 지긋한 신사가 공손하게 길을 묻더라."

에서처럼 '지긋하게'의 뜻으로 쓰일 때는 '지긋이'라고 표기한다.

마지막 줄의 '졸기 쉽상이지'는 '졸기 십상이지'로 표기해야 바른 말이다.

멤버쉽, 리더쉽, 쇼맨쉽 등의 외국어를 많이 쓰는데, 각각 멤버십, 리더십, 쇼맨십 등 '~십'으로 쓰는 것이 옳은 표기이다.

# 질력나다, (숨을) 들이마시다

송화야, 수학 시험 공부 많이 했니? 교과서 공부하고 나서 문제집을 풀다 보니 몸이 뒤틀린다. 하기 싫은 것을 억지로 하려니까 진력이 나서 머리까지 지끈지끈 아파 온다. 밖에 나가 기지개를 펴며 숨을 한번 크게 들여마시고 왔더니 한결 나아졌어.

시험이 없는 나라. 학생들이 동경하는 나라. 하지만 적당한 시험과 적당한 긴장은 사람을 좀더 나은 곳으로 가게끔 부추겨 주는 조력자이다.

셋째 줄에 '진력'은 '질력'의 잘못된 표기이다.

무슨 일에 질려서 싫증이 났을 때 쓰는 바른 말은 '질력'이다.

비슷한 글자로 '진력'이 있는데 그것은 있는 힘을 다한다는 뜻을 가진 낱말로 '질력'과 다른 뜻을 가진 낱말이다.

다음, 넷째 줄에 '들여마시고'를 보자.

밖에 있는 것을 안으로 '들여놓다'와 혼동이 되는지 '들여마시고'로 쓰곤 하는데 바른 말은 '들이마시고'이다.

안으로 들이는 동작을 나타내는 접두사 '들이'가 '마시다'에 붙어 이루어진 낱말이다. 같은 예로 들이밀다, 들이몰리다, 들이비추다, 들이치다 등이 있다.

# 짓궂은, 으스스

우리 옆집 창식이라는 남학생에 대해 얘기한 적 있지?

골목길에서 자전거를 타고 가다가 일부러 내게로 온다는 짓궂은 아이 말이야. 내가 놀라서 쳐다보면 오히려 왜 안 비키느냐고 신경질을 낸다.

으이그 닭살!!! 공포 영화를 보는 것처럼 으시시하다.

소년들은 여학생에 대한 관심을 보통 이렇게 표현한다. 좋아하는 감정을 숨기기 위해 반대의 행동을 한다.

둘째 줄의 '짓굿은'의 바른 표기는 '짓궂은'이다. '짓'은 낱말 앞에 붙는 접두사로서 '심한'의 뜻을 가지고 있다.

"그렇게 짓이기지 마."

"바위에 짓눌렸어."

"걔의 그 말이 내 자존심을 얼마나 짓밟았는지 몰라."

"함부로 짓부수다 다칠라."

등.

마지막 줄에서 소름이 돋을 때의 바른 표현은 '으시시'가 아니라 '으스스'.

으스스와 함께 기억해 두면 좋은 낱말 하나가 있다. 뽐내다의 뜻

239

을 가진 '으스대다.' 이 말을 '으시대다'로 많이들 착각하고 있는 데 유의하기를.

하나만 더 아울러 기억하자. 하나 더 추가한다고 기억의 용량이 넘치는 불상사는 일어나지 않겠지.

잠에서 금방 깨어나 머리털이 헝클어진 모양을 보고 보통 '부시시하다'고 하는데 바른 표기는 '부스스'이다.

으스대는 사람을 보면 소름이 으스스 돋는 것과 동시에 머리카락이 부스스 일어난다.


■참고

앞에서 설명한 '짓궂은'처럼 받침을 혼동하는 낱말로 '벚꽃'이 있다.

"벗이여, 이 밤이 새기 전에 내게 오라!"

친구를 말할 때는 벗.

"불빛 아래서 보는 벚꽃이 아주 아름답다."

꽃나무를 말할 땐 벚.

벚나무의 열매를 '버찌'라 하는데 벚나무의 ㅈ받침과 연관이 있는 말인 것이다.

## 쫓다, 서투르다

텔레비전 9시 뉴스 시간에 새마을금고에 들어온 도둑을 여직원 두 명이 쫒아버린 사건에 대해 보도한 거 너 봤니? 내가 그 언니들이 용감하다고 말하니까 어른들은 용감하긴 하지만 무기를 가진 도둑에게 덤비는 것은 무척 위험한 일이라고 하시더라. 너는 어떻게 생각하니? 그와 같은 상황에서 그 언니들처럼 도둑에게 덤빌 수 있겠니? 내가 보기에는 도둑이 좀 서툰 것 같아.

그렇다. 무기를 가진 도둑에게 덤비는 행위에 대해 용감하다고 말하기에는 너무 위험한 일이다. 그 도둑이 잔인한 전과자라면 그 여직원들은 무사하지 못했을 것이다. 총에 맞거나 얼굴에 칼이라도 맞았다면 얼마나 끔찍한 일인가.

둘째 줄에 '쫒아버린 사건'은 '쫓아버린 사건'이 옳은 표기이다. 발음이 어떻게 나는가 생각해 보면서 틀리지 않도록 유의하자.

다음에 지적할 것은 마지막 줄의 '서툰 것 같아.' '서투른 것 같아'로 해야 올바른 표기이다. 이와 같은 낱말로는 '머무르다/머물다', '서두르다/서둘다' 등이 있다.

'서투르다'의 준말이 '서툴다'이므로 '서툰'이라고 해도 틀린다고 할 수는 없지만, 낱말이 활용할 때는 줄기 전 본래의 낱말의 활용형을 쓰는 게 옳다고 할 수 있다. 서투른, 서투르니, 서투르면, 서툴러서, 서툴러 등으로 변화한다.

# 찾다

지우개 달린 연필을 발명한 사람의 얘기 아니?

어떤 화가가 그림을 그리다가 잘못된 부분을 지우려고 지우개를 찾으면 지우개가 없고 지우개를 찾아 잘못된 부분을 다 지우고 나면 또 연필이 없어지고. 그 불편함으로 말미암아 지우개 달린 연필을 발명하게 되었다고 해.

어른들도 '찾다'의 받침을 많이 혼동한다.

"엄마가 너를 찾아서 얼마나 헤매다녔는지, 그때를 생각하면 지금도 아찔해."

발음할 때 나는 소리를 잘 들어 보라. '차자서'로 소리 나니까아, 받침이 ㅈ이구나 금방 알 수가 있다.

'좇아서', '쫓아가다'도 마찬가지로 발음을 잘 들어 보라.

조차서, 쪼차가다.

'좇다'와 '쫓다'는 받침뿐 아니라 뜻이 다른 것에도 유의해야 할 낱말이다. 여기서 뜻을 다시 한 번 확인해 보자.

좇다 : 남을 따르다, 복종하다, 거역하지 않다.

쫓다 : 못 오게 혹은 떠나도록 몰다, 급하게 뒤를 따르다.

'좇다'가 바르게 쓰인 예문을 보면

243

"선생님의 뜻을 좇기로 했습니다."

"유행(여론)을 지나치게 좇으면 주관이 없어 보여."

"집 밖으로 뛰쳐나간 강아지를 쫓느라 얼마나 힘들었는지 몰라."

즉, 생각이나 뜻을 따르는 경우는 '좇다' 를 쓰고, 발걸음으로 따라간다는 뜻을 가진 경우는 '쫓다' 를 쓴다.

# 채비 · 차비, 아뿔싸

학교 갈 차비를 다 하고 집을 나서려는데 갑자기 배가 아파 왔다. 배를 움켜쥐고 화장실로 급히 뛰어갔다. 아뿔사, 화장실에 휴지가 다 떨어지고 없었다. 할 수 없이 엄마를 불렀다. 엄마는 대문 밖에서 부르는 줄 알고 현관문을 열려고 했다. 나는 다시 한 번 소리쳤다. 엄마, 여기 화장실이야!

이것이 바로 오늘 내가 지각한 사건의 경위란다.

볼일이 너무 급해 변기에 앉아 힘을 주었는데 화장지가 없다. 실로 난감한 일이 아닐 수 없다.

버스나 지하철 등 차를 타려면 요금을 내야 한다. 그것이 바로 '차비' 이다.

위의 예문에서처럼 준비를 뜻하는 말은 '차비' 가 아니고 '채비' 이다.

둘째 줄의 '아뿔사' 의 바른 말은 '아뿔싸' 이다.

일이 잘못된 것을 알았을 때 "아!" 하는 감탄사와 함께 "싸" 하는 전율이 오지 않던가. "아뿔싸!"

집집마다 학교 갈 준비하는 아침의 분위기는 그야말로 쑤셔 놓은 벌집 같을 것이다. 아침잠이 많거나 준비물을 전날밤에 준비하지 않는 아이들은 유독 더할 것이다.

# (잘난)체, (산)채, (뿌리)째

미애가 잘난채 하는 거 정말 보기 싫다. 짝이라서 그런 내 감정을 차마 표현하지 못하는 것도 모르고…… 짝이 바뀌거나 새학년이 되면 다른 반이 되기를 바랄 뿐이다.
　사람의 성격이 뿌리채 바뀔 수는 없는 거겠지? 걔 때문에 마음이 상한 것이 몇 번째인지 셀 수도 없어.


'체'와 '채'와 '째.'

잘난 척, 안 먹은 척, 모르는 척 등 과장하여 꾸미는 '척하다'와 같은 뜻을 가진 것은 '체하다'이다. 잘난 체하다(첫줄), 안 먹은 체하다, 모르는 체하다. 띄어 쓰기에도 유의해야 할 낱말이다.

'아는 척하다'와 비슷하게 쓰이는 낱말로 '알은체하다' 혹은 '알은척하다'는 말이 있는데, 그 낱말은 한 낱말이기 때문에 붙여 쓴다는 것을 알아두자. '아는 척하다'는 모르는 것을 아는 척한다는 뜻을 가지고 있지만, '알은체하다'는 어떤 사람을 알아보고 표정을 짓거나 그 표시를 한다는 뜻을 가지고 있다.


'채'는 어떠한 상태를 나타내는 말로서 '상태'라는 말로 바꾸어도 뜻이 통한다. 예를 들면,

산 채로 잡다 → 산 상태로 잡다

옷을 벗은 채로 뛰었다 → 옷을 벗은 상태로 뛰었다

위의 낱말들과 구별해야 할 것은 '통째'의 뜻을 나타내는 '뿌리째.' '뿌리채' (넷째 줄)가 아니고 '뿌리째'가 바른 표기이다.

뿌리째 뽑거나, 통째로 들려면 무겁고 힘들다. '채'보다는 '째'가 더 무거운 느낌을 준다.

■참고로 가루를 곱게 쳐 내는 도구는 '체'이다.

## 추켜올리다 · 치어올리다, (그러)한데

설날 아침부터 비행기를 타다니 올해에는 좋은 일이 많이 생기려나 보다. 친척들이 나를 칭찬하면서 추켜올리는데 몸둘 바를 모르면서도 얼마나 기분이 좋던지.

헌데 이상하게 부담스럽더라. 왜 그런가 생각해 보니까 칭찬받기 위해서 더 노력해야겠다는 마음 때문이었어.


'추켜올리다'는 바지나 치마, 눈썹 등을 위로 추켜서 올리는 것을 말하고, 위의 예문처럼 정도 이상으로 칭찬하는 것은 '치어올리다'를 쓴다.(둘째 줄) 비슷한 뜻으로 '치키다', '추키다'를 쓰기도 한다. '치켜올리다'는 북한의 표준말이다.

'헌데'(넷째 줄)는 '그런데'와 같은 의미로 쓰기에 '헌데'로 착각하기 쉬운데 바른 표기는 '한데'이다.

'그런데'가 '그러한데'의 줄임말인 것을 알아 두면 '한데'를 '헌데'로 쓰는 실수는 하지 않을 것이다.

마찬가지로 '그러나(그러하지만, 그러하나)'를 줄여 쓸 때도 '허나'가 아니라 '하나('그러하나'의 줄임말)'임에 유의하자.

"옳은 말씀입니다. 하나 나는 그것에 동의할 수 없습니다."

# 칠흑, 흙빛

칠흙 같은 밤!

서울에서는 이 말을 실감하지 못했다. 그런데 여긴 달라. 달이 떴을 때는 그런대로 훤한데 달이 없을 때는 그야말로 칠흙 같은 밤이란다. 창밖에 보이는 어두움이 마치 전설에 나오는 마귀할멈의 마술 보자기 같다. 그 보자기에 휩쓸리면 다시는 아침을 보지 못할지도 모른다는 생각을 하니까 갑자기 무서워진다.

시골에 간 서울 소녀의 밤에 대한 감상이 자못 귀엽다.

'칠흑' 같은 밤과 '흙빛'이 되어 버린 얼굴을 배워 보자.

인공 물감이 없던 예전에는 검은 칠을 할 때 옻칠을 하였다. 옻칠을 한 가구를 보면 깊은 품위가 느껴진다. 한류 스타의 원조인 배용준은 옻칠 공예를 배워 한국 전통 문화를 외국에 알리고 있다.

'칠흑'은 옻칠한 것처럼 검은 빛을 띤다고 해서 칠흑 같다고 하는 것이고, 얼굴빛이 '흙빛'이라고 하는 것은 놀란 얼굴이 마치 흙과 같은 빛이라고 해서 흙빛이라고 하는 것이다. 그 뜻을 알고 쓰면 결코 혼동하지 않을 것이다.

'어둠'을 '어두움'으로 쓰는 예가 간혹 있는데(넷째 줄) 바른 표기는 어둠이다. 시를 쓰거나 노래의 리듬감을 살리려 할 때라면 모를까 될 수 있는 대로 '어둠'으로 쓰도록 하자.

# 케케묵은

캐캐묵은 옛날 이야기는 듣기에 따분해. 우리 아버지는 술 드시면 아버지 어린 시절의 이야기를 들려 주시는데, 너무 재미없어. 그때의 가난한 생활을 생각해서 물건을 아껴 써라, 공부를 열심히 해라 하고 말씀하시는데 정말 따분해.

공감할 수 없는 얘기를 오래 듣는 것은 따분하다. 어른들은 듣기 싫은 이야기라도 예의상 들어 주지만, 어린 아이들은 참기 어려울 것이다.

위에서 '캐캐묵은' 은 '케케묵은' 으로 고쳐 써야 한다.

간혹 '켸켸묵은' 으로 쓰는 경우도 있으나 '케케묵은' 이 바른 말이라는 것을 잘 기억해 두시기를…

"케케묵은 전통 방식의 떡보다 생크림 케이크가 훨씬 더 맛있다."

# 텁수룩한

큰아버지 병문안을 갔다 왔다. 큰아버지는 아버지와 나이 차가 많은데도 성격이 활발하셔서 대하기가 그다지 어렵지 않아 내가 참 좋아했어. 나를 특히 반가워하시던 큰아버지께서 수염이 덥수룩하게 난 얼굴로 내 손을 잡는데 눈물이 났다.

셋째 줄에, 턱에 수염이 많이 난 모양을 '덥수룩하게' 났다고 하였는데 바른 표기는 '텁수룩하게' 이다.

턱에 났기 때문에 텁수룩하다고 한 것일까?

'덥수룩하다' 는 먹은 것이 잘 소화되지 않아 속이 거북할 때 쓰는 '더부룩하다' 라는 말의 사투리이다.

# 퉁기다, 귓볼

소희는 너무 팅기는 게 탈이야.

잘 어울리다가도 어디 같이 좀 가자고 하면 '바빠서 안 돼' '다른 친구 만나야 돼' 하고는 빠지니.

그런다고 뭐가 달라지니? 너무 그러면 친구가 없어. 귓볼이 두꺼우면 인복이 있다는데 아무리 귓볼이 두꺼운들 그래 가지고서야 어디 정이 붙을까.

첫줄의 '팅기는' 은 '퉁기는' 혹은 '튕기는' 이 바른 표기이다.

기타, 주판알, 빗방울, 불꽃 등도 모두 '튕기다' 로 표현한다.

그리고 넷째 줄의 '귓볼' 은 '귓불' 이 맞는 말. 북한말로는 '귀방울' 이라고 한다.

귓불이 두꺼운 사람은 돈복과 인복이 많다고 하지만 꼭 그렇지만도 않다. 복이란 자신이 어떻게 행동하냐에 달린 것이라 생각한다.

위의 예문에 나오는 소희처럼 친구나 주위 사람들과 만남의 기회를 자주 튕겨(퉁겨) 버리면 아무리 귓불이 두꺼운들 복이 오겠는가.

# 퍼덕이다, 야멸치게

길을 지나가다가 날개를 퍼득이며 날아가려고 안간힘을 쓰고 있는 작은 새 한 마리를 발견하였다. 안쓰럽게 보고 있는데 오토바이가 야멸차게 밟고 지나가 버렸다.

말하지 못하는 작은 생명이라고 가벼이 여기다니. 생명은 다 소중한 것인데……

길을 가다 보면 차바퀴에 깔린 개나 작은 동물을 간혹 발견한다. 안쓰럽지만 가던 길을 재촉하는 수밖에 없듯이 안쓰러운 마음 거두고 잘못 쓴 낱말을 지적해야겠다.

첫줄에 '퍼득이며'는 '퍼덕이며'가 바른 표기이다.

'퍼덕이다'는 살려고 허덕이는 모습을 표현하는 낱말이다.

셋째 줄에 '야멸차게'는 '야멸치게'가 바른 표기이다.

손길을 냉정하게 뿌리치고 가는 사람은 야멸친 사람이다.


한가지만 덧붙이자.

예문 둘째 줄의 '안쓰럽게'는 '안쓰럽다'가 기본형으로, 관형어로 될 때는 '안쓰런'이 아니고 '안쓰러운'이 된다. 그렇게 활용하는 낱말로 자랑스럽다 → 자랑스러운, 사랑스럽다 → 사랑스러운, 멋스럽다 → 멋스러운 등이 있다. 각각 자랑스런, 사랑스런, 멋스런으로 쓰지 않도록 주의하자.

# 피다, 피우다

영화에서 남자 주인공이 담배 피는 모습은 멋있어 보이지만, 담배 연기 냄새는 너무 싫어.

우리 집에서도 아빠가 담배 필 때마다 온 식구가 냄새 난다고 나가서 피시라고 아우성이야. 공기 청정기를 틀어도 냄새가 쉽게 없어지지 않거든.

요즘은 '참살이(웰빙)'를 중요하게 생각하는 시대라 금연 식당이나 금연 빌딩이 늘어나고 있는 추세다. 그럴수록 흡연하는 사람들의 설 자리는 줄어들게 된다. 피우는 사람들의 심정은 이해하지만 냄새를 견디는 건 너무 힘들다. 게다가 간접 흡연이 직접 흡연하는 사람보다 더 해롭다 하니 참고 있을 수는 없는 것이다.

예문 첫째 줄의 '담배 피는 모습'에서 '피는'은 '피우는'으로, 셋째 줄의 '필 때마다'는 '피울 때마다'로, 넷째 줄의 '피시라고'는 '피우시라고'로 해야 바른 말이다.

"아직도 담배를 피우니?"

"그렇게 냄새를 피우고 다녀야 하나?"

"온도를 높여서 빨리 꽃을 피웠다."

"그 사람 이야기를 듣고 사람들이 웃음꽃을 피웠다."

일부 사전에서는 '피다'를 '피우다'의 준말로 설명하고 있지만, 〈표준국어대사전〉에서는 잘못이라고 분명히 밝히고 있다.

> 이번 사회 보고서 숙제 점수가 불만이야. 하느라고 했는데 B플이 뭐야. A플 정도는 받을지 알았어. B플을 받을지 정말 몰랐어. 도서관에 가서 복사하고 백과사전을 찾아 가면서 몇 시간 동안 정성껏 작성했는데, 너무 안타까워.

정성을 들여서 한 숙제의 결과가 예상했던 점수보다 낮게 나왔을 때는 정말 안타깝다. 그러나 잘 살펴보면 조사한 내용이 보고서의 주제와 어긋났을 것이다. 결과에 대해 속상해하는 것보다 무엇이 문제였나 잘 살펴보는 것이 다음 번을 위해서 좋은 일이 될 것이다.

"숙제를(공부를) '하느라고 했는데' 왜 점수가 이 모양이야."

바른 표기는 '하노라고 했는데' 이다.(첫줄)

'하느라고' 는

"시험 공부를 하느라고 뮤직박스를 못 보았어."

"어제 친구를 만나느라고 롯데리아에 갔었지."

등에서처럼 '~때문에' '~로 인하여' 의 속뜻을 갖고 있다.

"보기엔 이래도 나는 하노라고 한 거예요."

"하노라고 한 내 정성을 무시하지 마세요."

256

등 '한다고 했다'의 뜻을 가진 낱말의 바른 표기는 '하노라고'임에 유의하기 바란다.

그리고 아주 잘 틀리는 표기이면서 〈요 주의 낱말〉. 설명하기가 애매한 것 중의 하나가 바로 '지'와 '줄'이다.

예문의 둘째 줄을 보자.

'A플 정도는 받을지 알았어'는 'A플 정도는 받을 줄 알았어', 'B플을 받을지 몰랐어'는 'B플을 받을 줄 몰랐어'가 각각 바른 표기이다.

'지'는 막연한 의문이나 의심을 나타내는 낱말이고, '줄'은 방법이나 셈속을 나타내는 낱말이다. '지'가 들어가야 할 자리에 '줄'이 들어가거나 '줄'이 들어가야 할 자리에 '지'가 들어가는 예가 아주 흔하다.

"네가 그때 돌아온지 내 다 안다만……"은

"네가 그때 돌아온 줄 내 다 안다만……"이 옳고

"네가 왜 그러는 줄 나는 알고 있었다."는

"네가 왜 그러는지 나는 알고 있었다."가 옳다.

바르게 쓰인 다른 예를 보자.

"할 줄도 모르면서 왜 그렇게 나서니?"

"그럴 줄 몰랐니?"

"얼마나 배가 고팠는지 아세요?"

"왜 그러는지 모르겠어."

'지'는 ㄴ이나 ㄹ 뒤에 반드시 붙여 쓴다.

'이 일을 시작한 지 5년이 되었다'에서처럼 무슨 일이나 행동을 시작한 지 얼마가 되었다는 '기간'이나 '동안'을 나타날 때만 제외하고.

# 한창 · 한참, 휘영청

시골에서 외할머니께서 올라오셨다. 외할머니는 나를 보시더니 "한참 이쁠 때라 그런가, 한겨울에 복숭아꽃을 보는 듯하구나." 하고 말씀하셨다.

나는 기분이 좋아져서 할머니께 이렇게 말씀드렸다.

"할머니는 시골에 사시는데도 서울 할머니 같아요. 텔레비전에 보면 시골 할아버지, 할머니들 얼굴에 주름이 많던데, 우리 외할머니 얼굴은 휘영청, 보름달 같아요."

예쁘다는 말은 듣고 그 답례로 외할머니를 한껏 치어올린 눈치 빠른 손녀딸의 고운 마음씨가 느껴진다.

남자들이 흔히 여자들은 예쁘다는 말만 들으면 좋아한다고 놀리는데, 남자들은 잘생겼다는 말 들으면 안 좋아하나? 피장파장이면서……

'한참'과 '한창'을 공부해 보자.

'한참'은 '한동안, 잠시'의 뜻을 가지고 있는 말이고, '한창'은 '가장 성할 때'의 뜻을 가지고 있다.

둘째 줄에서 '한참 이쁠 때'는 '한창 이쁠 때'로 표기하는 것이 옳다.

마찬가지로 '한창 일해야 할 나이에 그런 사고를 당하다니……',

259

'너희들은 한창때다'에서 '한창'을 '한참'으로 쓰지 않도록 유의해야 한다.

'한참'이 제대로 쓰인 예로는
"허리가 아파서 한참 쉬고 났더니 괜찮아졌어."
"창훈이는 내 말을 듣고 한참 동안 말을 하지 못했다."

잠을 자다가 달빛에 눈이 부셔서 잠에서 깬 경험이 있는 사람은 보름달이 얼마나 밝은지 알 수 있을 것이다. 달빛이 밝은 것을 가리켜 '휘영청'이라고 한다. '휘엉청이라고 쓰지 않도록 유의하자.(마지막 줄)

# 핼쑥, 빈털터리

엄마가 몸살이 나서 아빠가 밥을 짓고 내가 설거지를 했다. 엄마는 몸살이 났다 하면 보통 삼 일간 앓으신다. 학교 갔다 오니까 부엌에서 일을 하고 계셨는데 핼쑥해진 얼굴로 일을 하시는 모습을 보니까 괜히 눈물이 났다. 무슨 큰병에 걸린 것이 아닌데도.

엄마가 좋아하시는 스폰지 케이크라도 사 드리고 싶은데 용돈을 다 써 버려 지금은 빈털털이 신세다.

도를 깨우친 스님들도 병이 났을 때는 식구 생각이 간절하고 외로움을 느낀다고 한다.

병을 앓아 얼굴이 쏙 빠지고 핏기가 없는 모양을 '핼쑥하다' 혹은 '해쓱하다'고 한다. 셋째 줄에서처럼 '헬쑥' 이나 '핼쏙'으로 잘못 쓰지 않도록 잘 기억해 두자.

마지막 줄의 '빈털털이'는 '빈털터리'로 써야 옳다.

빈털터리는 가진 것이 없는 사람이다. 빈털터리는 빈털털이보다 ㄹ을 하나 덜 가졌다. 그러니 빈털터리일 수밖에.

돈이 없는 빈털터리보다 따뜻한 마음이 없는 빈털터리는 되지 말아야겠다.

# 허섭스레기

할머니께서 집 앞 골목길을 쓸고 들어오시더니 "에잇, 허접쓰레기 같은 인간들!" 하시면서 역정을 내셨다.

"할머니! 허접쓰레기가 무슨 말이에요?"

내가 묻자 할머니께서는

"쓰레기를 아무데나 버리는 쓰레기 같은 인간들이 허접쓰레기지 뭐야?"

하고 말씀하셨다.

세상에서 가장 큰 쓰레기통이 서울거리라는 말을 들은 적이 있다. 어린아이들은 과자 봉지를, 어른들은 담배 꽁초를 무심히 버리기를 잘한다.

쓰레기라는 낱말과 혼동하여 잘못 쓰이는 말이 있으니, 바로 '허섭스레기' 이다.

좋은 것을 고르고 난 뒤의 찌꺼기 물건을 뜻한다. 어차피 쓰레기통으로 갈 물건이지만, 쓰레기통으로 가기 직전의 '허섭스레기' 를 '쓰레기' 와 혼동하지 말고 바르게 적도록 하자.

> 너와 해어진 지 얼마 안 된 것 같은데 벌써 몇 개월이 지났어. 지난 주에 상희하고 너희 집에 가려 했는데, 상희가 감기가 심하다고 해서 다음으로 미루었어. 얼마나 섭섭했는지 몰라. 내가 너를 잊지 않듯이 너도 나를 잊으면 안되.

첫줄에 '해어진'은 '헤어진'으로 해야 한다. 만났다 이별하는 것, 혹은 살이 터진 것은 '헤어지다'이고 옷이나 양말이 닳은 것이 '해어지다'이다.

문장 맨 마지막에 '안되'를 보자. 바른 말은 '안 돼'이다.

먹어, 쓸어, 읽어 등에서 보는 것처럼 '되'에 종결 어미 '어'가 붙어 '되어'가 된다. '되어'가 줄어든 말이 '돼', 따라서 '안 돼'로 쓴다.

문장을 맺을 때 종결 어미 '어'가 붙는 '되어(돼)'와 그렇지 않고 '되다'가 쓰이는 경우를 잘 구분하기 바라며 예문을 보자.

"그런 장난을 하면 안 돼(되어)."

"오늘은 왜 그런지 공부가 잘 안 돼(되어). 노력하는데도 잘 안 되네."

"그렇게 공부가 안 되면 좀 쉬었다 해."

'안 돼'를 '안 되'나 '않 되'로 쓰지 않도록 유의하자.(40쪽 설명 참조)

# 화제, 화재

요즘 우리 반 친구들의 화잿거리는 10대들의 자살에 관한 것이다. 뉴스에서 보니까 성적 때문에 자살하거나 친구들의 따돌림을 견디지 못해 자살하는 우리 친구들의 이야기가 많이 나와 마음이 참 아프다.

그런 가슴 아픈 뉴스를 보면서 사람의 속성이 과연 사랑하는 마음인가, 미워하는 마음인가 생각해 보았어. 성선설과 성악설에 대해 배웠는데 둘 중 어느 것이라고 단정할 수가 없고 악과 선, 미움과 사랑이 함께 존재하는 것이 사람의 속성이라는 생각이 들어.

장마로 인한 물의 재난, 불로 인한 불의 재난. 과학이 아무리 발달해도 사람은 자연이 주는 재해를 막지 못하고 살아간다. 불이 나서 입은 재난이 바로 '화재'이다.

위의 예문에서는 이야깃거리를 뜻하는 말이기 때문에 '화잿거리'라 해야 한다. 헷갈린다면 '화제'는 이야기(화)의 주제(제)라고 이해하자.

■비슷한 예로 사람끼리 사귀는 '교제'와 가르치는(교) 재료(재)로 쓰는 '교재'를 들 수 있다.

265

# 후닥닥

몸에서 열이 나서 감기가 들었나 했는데, 갑자기 구역질이 나 후다닥, 화장실로 뛰어가 토하고 나니까 열이 좀 내려갔다. 낮에 먹은 어묵 볶음 때문인 것 같다. 평소에 맛있게 먹던 것이라 그것 때문에 체했다는 생각이 안 드는데, 토할 때 갑자기 눈앞에 어묵 볶음이 떠오르더니 구역질이 더 났다. 엄마한테 얘기하니까 구역질 날 때 떠오르는 음식이 바로 체한 음식이라고 한다.

갑자기 빠르게 뛰는 모양을 나타내는 둘째 줄의 '후다닥.' 바른 표기는 '후닥닥'이다.

뛸 때는 발자국 소리가 시끄럽게 난다. '후닥닥'은 그렇게 서두르거나 도망하는 모양을 표현한 부사어이다. '후다닥'보다는 '후닥닥' 뛰는 것이 소리가 더 시끄럽게 들리는 듯하지 않은가.

# 훤칠한

너는 탤런트 중에서 누가 제일 좋으니?

잘생기고 훤출한 것도 좋지만, 나는 근육이 멋있는 사람이 좋
더라.

훤칠하게 잘생긴 사람을 보는 것은 즐거운 일임에 틀림없다. 게
다가 운동을 하여 근육까지 멋있는 사람이라면 누군들 좋아하지 않
을까.

그런데 사람의 어리석음 중 가장 큰 어리석음이 바로 눈에 보이
는 것에 미혹되는 것이다. 눈에 보이는 것에 따라 편견이나 선입견
에 사로잡히면 정말 보아야 할 것을 보지 못하는 어리석음을 저지
르게 된다.

둘째 줄을 보면 '훤칠'을 '훤출'로 잘못 썼다. 사람의 용모를 평
가할 때 쓰는 '출중하다'가 연상되어서 그럴 수도 있을 것이다.

'출중하다'는 여러 사람들 가운데 뛰어나다는 뜻을 가진 한자어
이고, '훤칠하다'는 '길고 미끈하다'는 뜻을 가진 순수 우리말이
다.

"우리 담임 선생님은 키도 훤칠하시고 인물도 출중하십니다."

# 휴게실, 천장

모처럼 우리 식구가 서해안에 있는 작은 섬으로 여행을 다녀왔어. 겨울인데도 사람들이 제법 많더라.

올라올 때 아주 난감한 일이 벌어졌어. 휴게실에서 차를 마시고 있는데 위에서 뭔가가 떨어져 엄마 커피잔으로 들어갔어. 천정에 달린 선풍기에 붙어 있던 벌레가 바람에 떨어져 하필이면 우리 엄마 커피잔으로 들어갔지 뭐야.

프랑스 사람들은 여름 한철 바캉스를 가기 위해 돈을 벌 정도로 바캉스를 즐긴다고 한다.

우리나라의 여름은 피서를 가야 할 만큼 기온이 높지 않다. 문이란 문 다 열어놓고 시원한 수박 몇 조각 먹으며 선풍기나 부채 바람을 쏘이면 참을 만한 더위이다.

겨울 여행길, 눈 덮인 논이나 가장자리가 언 강을 바라보며 휴게소에서 마시는 커피! 그 맛을 즐기는데 커피잔으로 무언가가 떨어졌다. 그렇게 분위기를 모르는 미물이 또 어디에 있을까.

휴게실, 게시판, 게시 사항, 국기 게양대.
모두 '게'를 쓰는 낱말이다. 흔히 '계'로(셋째 줄) 혼동하기 쉬우니 주의하길.

그리고 '게송' 이란 낱말이 있다. 부처님의 공덕을 외기 쉽게 다섯 글자나 일곱 글자로 지어 찬미하는 노래를 '게송' 이라 한다. 이 낱말은 겨울 여행길에서 만난 키큰 미루나무 같은 느낌이 든다.

넷째 줄의 '천정' 의 바른 말은 '천장' 이다.
"저 사람은 장신인 것이 키가 천장에 가 닿겠다."

물가가 하늘 높은 줄 모르고 오르기만 하는 것을 일러 '천정부지' 라 하는데 그때는 천정을 그대로 써 '천정부지' 라 한다.

# 흉측한, 망측한

어제 민희와 함께 DVD로 '미녀와 야수'를 보았다.

마술에 걸려 흉칙한 야수의 모습으로 변한 왕자와 미녀와의 사랑 이야기인데 무척 감명깊었다.

잠자리에 들면서 '사랑'에 대해서 생각해 보았다.

진정한 사랑을 하려면 흉칙한 외모도 아랑곳하지 않는 용기도 필요하지만 무엇보다 눈에 보이지 않는 심성을 보는 지혜가 필요하다는 생각이다. 미녀에게 그런 지혜가 없었다면 흉칙하게 생긴 왕자를 사랑할 수 있는 용기를 낼 수 없었을 거야.

공자님이, 세 사람이 길을 가면 그 중 한 사람은 반드시 스승이라고 말씀하셨다. 세 사람 중 한 사람에게는 반드시 배울 점이 있다는 이야기이다.

영화를 보든, 책을 읽든 그것에서 무언가를 배우려는 자세가 필요하다. 미녀와 야수를 보고 진정한 사랑이란 이런 것이라는 신념을 얻은 소녀에게 영화를 본 두어 시간은 매우 보람된 시간인 것이다.

위 예문 둘째, 다섯째, 일곱째 줄에 쓰인 '흉칙' 이라는 낱말을 보자. 바른 말은 '흉측' 이다. 흉측하다, 흉측하게, 흉측스럽다 등. 이와 함께 '망측' 도 기억해 두자. 마찬가지로 '망칙' 이 아닌 '망측'이 바른 말이다.

흉측하고 망측한 모습을 보면 무섭다는 생각과 함께 측은한 마음이 인다.

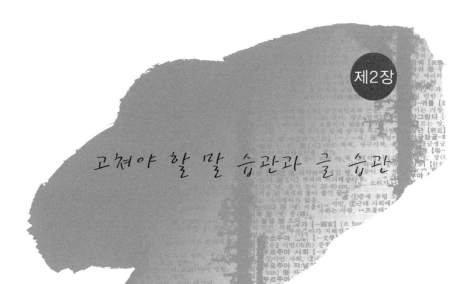

제2장

고쳐야 할 말 습관과 글 습관

이번 장에서는 실제로 글을 쓸 때 일어나기 쉬운 오류를 구체적으로 살펴보려 한다. 아무것도 아닌 것 같지만, 주의하지 않으면 아주 어색한 문장이 되고 마는 것들이다.

## 1) 접속부사 바르게 쓰기

여러 접속부사 중에서도 특히 '그런데'와 '그래서'를 지나치게 많이 쓰거나, 잘못 쓰는 것을 볼 수 있다. 그냥 시작해도 되는데 굳이 '그런데'를 붙여 글을 시작한다. 이야기를 주고받을 때는 별로 어색하게 들리지 않으나 글을 쓸 때는 상당히 거슬리니 꼭 필요할 때만 붙이도록 하자.

> 문구점에 가 보았더니 다이어리 예쁜 게 아주 많았다. 그러나 너무 비싸서 살 수가 없었다. 그런데 지금은 너무 심심하다.

위 예문에서 둘째 줄의 '그런데'는 붙일 필요가 전혀 없다.

> 네가 지난 번에 빌려 주었던 과학 상식 책의 내용이 무척 유익했어. 그런데 어려운 말이 없어서 이해도 아주 잘 되었어.

위의 예문 둘째 줄의 '그런데'는 '그리고'를 붙여야 자연스러운

275

문장이 된다. '그런데'는 앞의 내용과 상반되는 문장이, '그리고'는 앞의 내용과 대등한 문장이 오는 것에 유의하자.

## 2) 조사 바르게 쓰기

조사는 주격, 소유격, 목적격 등의 격이 있으므로 문장에 맞게 잘 써야 한다. 조사를 적절하게 쓰는 것은 글쓰기의 기초이다. 예문을 들어 설명하면 쉽게 이해할 수 있을 것이다.

나는 도서관을 가기 위해 일찍 집을 나섰다.
→ 나는 도서관에 가기 위해 일찍 집을 나섰다.

학교를 가는 도중에 친구를 만났다.
→ 학교에 가는 도중에 친구를 만났다.

네가 전학간다는 사실을 오늘야 알았다.
→ 네가 전학간다는 사실을 오늘에야 알았다.

댄스음악에 열광하는 아이들에게 트로트나 클래식이 듣기 싫을 것이다.
→ 댄스음악에 열광하는 아이들은 트로트나 클래식이 듣기 싫을 것이다.

여자치고 밤길을 무서워하는데 너는 안 그런 것 같다.

277

→여자치고 밤길을 무서워하지 않는 사람 없는데 너는‥‥

　간단한 문장에서는 눈에 잘 띄지 않으나 조사를 자칫 잘못 쓰면 잘 시작한 문장이 전혀 엉뚱한 내용으로 끝나게 되니 유의하자.

## 3) '것 같다'의 남용

'것 같다'는 추측이나 불확실한 단정을 나타내는 말이다. 그런데 자신이 어떤 일을 경험한 후의 느낌을 말할 때조차도 '것 같다'로 말끝을 맺는 것은 잘못된 것이므로 고쳐야 한다.

"그 영화 어땠어요?"라 물었을 때, "참 재미있는 것 같아요."라고 대답하는 것.

영화를 보고서 재미있게 느꼈으면 '참 재미있었어요'라고 대답해야지 '재미있는 것 같다'라고 한다면 도대체 영화를 본 사람이 누구란 말인가. 벽에 붙은 포스터를 보고서 '저 영화 재미있을 것 같다'라고 말한다면 모를까.

또,

"그 문제에 대해 어떻게 생각하세요?"

"잘못된 것이니까 고쳐져야 할 것 같아요."

너무 애매한 표현이다.

"잘못된 것이니까 고쳐져야 한다고 생각해요."

라고 자신의 느낌이나 생각을 말할 때는 '것 같다' 대신 '~라 생각한다' 혹은 '~한 느낌이 들었다'고 쓰고 말하도록 하자.

## 4) '틀리다'와 '다르다'를 구별하자


"이것과 저것의 차이는 어떻게 틀린가요?"
위의 말은
"이것과 저것의 차이는 어떻게 다른가요?"
라고 해야 한다.

'이것'과 '저것'을 비교하여 '다른 점'을 묻는 것이지, 바른 것을 기준으로 하여 그것에 어긋남을 묻는 것이 아니다.

'다르다'는 말 그대로 서로 다른 점을 말하고, '틀리다'는 어떤 바른 기준에 어긋나는 것을 말한다.

바르게 쓰인 예문을 한번 보자.
"그거는 계산이 틀리잖아."
"내 생각은 네 생각과 달라."

잘못된 예를 든다면,
"어떻게 형과 동생이 저렇게 틀리냐?"

형을 기준으로 하든 동생을 기준으로 하든 그 기준에 어긋남을 말하는 것이 아니라 형, 동생의 차이를 말하는 것이므로,
"어떻게 형과 동생이 저렇게 다르냐?"고 해야 한다.

## 5) '얇다'와 '가늘다'를 구별하자

"이 책은 표지가 너무 가늘어."

"너는 팔뚝이 참 얇다."

위의 예문은

"이 책은 표지가 너무 얇아."

"너 팔뚝이 어쩌면 그렇게 가느니?"

로 해야 옳다.

'얇다'는 어떤 물건의 두께나 사람의 소견이 깊지 않은 것을 표현할 때, '가늘다'는 둘레나 넓이를 가늠할 때 쓰는 말이다.

## 6) '적다'와 '작다'를 구별하자

"친구들 중에서 내가 제일 키가 적어."

"우리 아빠가 다니는 회사는 규모가 적은 회사야."

"밥이 너무 작아."

위의 예문들은 '적다'와 '작다'를 잘못 쓴 예이다.

"친구들 중에서 내가 제일 키가 작아."

"우리 아빠가 다니는 회사는 규모가 작은 회사야."

"밥이 너무 적다."

로 해야 옳다.

'작다'는 부피나 규모가 크지 않다는 말로 그 반대말은 '크다' 이다.

'적다'는 수나 양이 많지 않을 때 사용하는 말로 그 반대말은 '많다'이다.

## 7) '너무'의 남용

"너무 많이 먹었더니 배가 아프네요."

"사람이 너무 많아서 복잡하다."

위에서는 '너무'가 적절하게 사용되었지만 그렇지 않은 경우가 (너무너무) 많다.

위에서 (너무너무)는 쓰지 않은 것이 더 좋다고 생각지 않는가?

자신의 감정을 강조하려다 보니 '너무너무'를 너무 많이 쓰는 경향이 있다.

'것 같다'는 자신의 의견을 직접적으로 말하지 않음으로써 책임을 회피하려는 요즘 시대의 반영이라는 지적이 있는데, 반면에 '너무너무'는 자신의 감정을 지나치게 강조하려는 경향에서 비롯된 것 같다.(여기서는 추측을 표현하는 말이므로 '것 같다'가 잘 쓰인 것이다)

'지나침은 모자람과 같다'는 뜻의 한자어로 '과유불급過猶不及'이라는 말이 있는데, 지나친 것 또한 모자란 것만큼 좋지 않다는 말이다.

그것은 지나치지도 모자라지도 않은 '중용'을 중시하는 사상에서 나온 말이다. '너무너무'라든가 '것 같다'라는 말을 적당히 사용하여 자신의 생각을 바르게 표현하도록 하자.

## 8) '시작한 지'와 '시작했는지'의 차이

"그 일을 시작한 지 십 년이 되었다."
"그 일을 시작했는지 알 수는 없지만 그는 잘할 거야."
'지'가 어떤 동작이 일어난 때부터 지금까지의 '기간'을 나타낼 때는 의존 명사로 띄어 쓴다. 그 외에는 접미사나 어미로 쓰이는 것이므로 반드시 붙여 써야 한다.

신문이나 책에서 띄어쓰는 것을 많이 볼 수가 있는데, 그건 컴퓨터로 일괄 체크하다 보니까 컴퓨터가 그 차이를 인식하지 못하고 기계적으로 처리하는 데서 오는 것이다.

바르게 쓰인 예를 몇 개 더 보자.

"그와 헤어진 지 삼 년 만에 다시 만났어."
"네가 서울로 이사한 지 몇 년 되었지?"
"네가 무엇을 잘못했는지 정말 모르겠다니 한심하다."
"강아지가 밥을 먹었는지 보고 와라."
"어떻게 해야 좋을지 고민이다."

# 9) 문장의 시작과 끝이 다름

비교적 유식한 체하고 점잖은 체하는 긴 문장에서 많이 발견되는 오류로서, 시작하는 말과 끝내는 말이 다르게 되는 경우가 많다.

단순한 표현은 문장을 복잡하게 쓰지 않으므로 이런 경우가 많지 않으나, 너무 점잖게 쓰려다 보니 앞은 '이렇게' 시작해 놓고서 끝을 '저렇게' 맺는 경우가 생기는 것이다.

예문을 들어 보겠다.

> 그 분은 귀 밑에서부터 턱까지 구레나룻을 길러 처음에 볼 때 무서운 느낌을 받는데, 서로 말을 나누다 보니 외국 유학까지 다녀온 분이었고, 나중에는 내가 말을 주도하게 되었다.

첫인상이 무서웠으나 말을 나누다 보니 그렇지 않았다고 말을 맺든가, 자기가 말을 주도하게 되었다고 문장을 맺으려면 그렇게 된 동기를 얘기했어야 문장이 어색하지 않을 것이다. 무서운 느낌을 받은 것과 그 사람이 외국 유학을 다녀온 것은 전혀 관계가 없는 내용이다.

> 나는 산골에서 태어나 자라서 수영을 하지 못하는데 아무래도 어린 마음에 늘 도시를 동경했다.

위 예문에서는 산골에서 자라나 수영을 하지 못하는 것과 도시를 동경하는 것하고는 아무 연관이 없다. 도시를 동경하게 된 연유를 앞에서 거론했더라면 자연스러운 문장이 되었을 것이다.

## 10) 따옴표와 마침표

"선생님께서 '일찍 일어나는 새가 벌레를 많이 잡는다' 라고 말씀하셨습니다. 이 말씀은 부지런해야 된다는 뜻인 줄 압니다. 그러니까 우리들도 일찍 일어나서 하루를 시작하도록 합시다."

위의 예문처럼 큰따옴표 안에 또다른 말을 간접적으로 인용할 때는 작은따옴표를 사용하는데, 그럴 경우에 조사는 '라고' 가 아니라 '고'를 써야 한다. 또 따옴표 안에는 마침표를 찍어야 하는데, 작은따옴표의 경우는 마침표를 생략할 수 있다.

'일찍 일어나는 새가 벌레를 많이 잡는다.' 고 말씀하셨습니다.

만약에 큰따옴표를 사용하여 직접적으로 인용한 경우라면 조사는 '하고' 혹은 '라고'를 써야 한다.

그는 "내가 그런 게 아니야." 하고 말했다.
그는 "내가 그런 게 아니야." 라고 하였다.

그리고 작은따옴표로 문장을 끝낼 경우라도 큰따옴표의 경우처럼 마침표를 따옴표 안에 찍어야 한다.

"아따 다섯 시까지 우리 집으로 와야 해."
　　'아따 다섯 시까지 우리 집으로 와야 해.'

　　아주 사소한 것 같지만 틀리게 쓰는 경우가 많으니 주의하기 바란다. 글을 써 본 사람이라면 알 것이다. 이렇게 사소한 것에서 맞춤법이 혼동되면 글을 쓰는 데 얼마나 방해가 되는지를…….

　　위의 문장을 말없음표로 끝맺고 보니 생각나는데, 요즘에는 말없음표를 마침표를 몇 개 이어 찍은 '..'이나 '…'으로 하는 경우를 많이 본다. 인터넷 채팅이나 메일을 자주 사용하다 보니 좀더 빠르게 쓰기 위해서 혹은 시각적으로 좀 그럴듯하게 보이게 하기 위해 그런 것 같다. 하지만 정확하게 점 여섯 개를 가운데로 '……'이렇게 해야 한다는 것을 알아두자.

## 11) 잘못된 말습관–행복하세요!와 건강하세요!

언제부턴가 "건강하세요.", "행복하세요."라는 말을 인사말로 많이 주고받고 있다. 이 말이 계속 쓰이다 보면 언젠가 표준어로 인정될 수도 있겠지만, 아직은 표준어가 아니다.

'하세요'는 명령의 뜻을 나타내는 말로 형용사에는 붙을 수 없다. 명령은 행동을 촉구하는 말이어서 형용사에는 붙을 수가 없다. 이처럼 형용사에 '하세요'가 붙은 말은 어색하지만, 동사 "뛰세요.", "움직이세요.", "옮기세요." 등은 얼마나 자연스러운가.

다른 형용사에 '하세요'를 붙여 보자. "착하세요.", "슬프세요." 너무 어색하다. 이 말이 감탄문이나 의문문이라면 말이 된다. "참, 착하세요!", "얼마나 슬프세요?"

"행복하세요." → "행복해지시기를(행복하기를) 바랍니다." 또는 "행복해지세요."

"건강하세요." → "건강하시기를 바랍니다.", "건강해지세요."

이렇게 바꾸는 것이 자연스럽고도 바른 말이다.

## 12) 간접 높임말과 존대어

우리말은 배우기 까다로운 언어 중의 하나라고 하는데, 어려움을 느끼는 것 중 하나가 존대법이다. 웃어른께 말을 하다 보면 '시' 자를 붙이는 게 옳은지, 안 붙이는 게 옳은지 혼동되는 경우가 있는데, 간접 높임말에서 더욱 그렇다.

다음의 문장을 보자.

"할아버지 수염이 길어요." → "할아버지 수염이 기시네요."

"할머니 손이 예뻐요." → "할머니 손이 예쁘세요."

"선생님 감기 들었어요?" → "선생님 감기 드셨어요?"

"할아버지 손주가 있어요?" → "할아버지 손주가 있으세요?"

"선생님께서는 딸이 있으세요?" → "선생님께서는 따님이 있으세요?"

이처럼 대화를 나누고 있는 상대의 몸의 일부나 소유물, 상대와 밀접한 관련이 있는 사물을 높여 말하는 것을 '간접 높임말'이라고 한다.

그런데 경어에 너무 신경을 쓰다 보면 오히려 어색해지는 경우가 있다. 다음의 예를 보자.

"선생님께서 수업을 끝내시고 가셨습니다."

→ "선생님께서 수업을 끝내고 가셨습니다."

"할아버지께서 화가 나셔서 소리를 지르셨습니다."

→ "할아버지께서 화가 나 소리를 지르셨습니다."

위의 경우, 둘 다 써도 괜찮지만, '시' 자를 붙여야 하는 용언이 겹치는 경우에는 마지막 말에 붙이는 게 더 자연스럽다. 그렇다고

"할머니께서 우리 집에 왔다가 다시 가셨어요."나 "할머니께서 자고 가셨어요." 하는 건 옳지 않다. "할머니께서 우리 집에 오셨다 가 다시 가셨어요." "할머니께서 주무시고 가셨어요."

이 경우는 할머니의 행동이 한 자리에서 연속적으로 일어난 것 이 아니고, 또 '자다'의 존칭어인 '주무시다'가 있기 때문이다.


좀 특이한 경우는

"선생님께 드릴 말씀이 있습니다." (1)

"선생님의 말씀이 옳으십니다." (2)


(1)에서 '말씀'은 내가 한 말을 말하고, (2)에서는 선생님의 말을 높인 말이다. 둘 다 옳은 것일까? (1)에서의 '말씀'은 자신을 낮추 기 위해서 쓰는 말이라서 둘 다 옳은 말이다.


또 자신을 지나치게 낮추어 잘못된 경우로

"저희 나라(회사)에서는 ……" → "우리 나라(회사)에서는……" 으로 해야 하고,

반면에 상대가 속하지 않고 나만이 속한 집단을 말하는 경우로

서 '우리 집'이나 '우리 동네'는 '저희 집'이나 '저희 동네'로 말할 수 있다.

상대를 지나치게 높인 말로
"사장님의 말씀이 계시겠습니다."를 들 수 있는데, 이 말은 "사장님의 말씀이 있으시겠습니다."로 해야 옳다.

그 밖에 어른들께 쓸 수 없는 말에 '야단'이 있는데, 이때는 '꾸중'이라는 말을 쓰는 게 좋다. "야단 맞았어"보다 "꾸중 들었어"로. 그리고 '식사하다'는 말과 '수고하세요', '당부'라는 말은 윗사람에게 쓸 수 없는 말이다. 그 말 대신에 '진지 잡수세요', '고생이 많으시네요', '부탁드리겠습니다'라는 말을 쓰는 게 좋다.

그 외 존대 어휘를 보면,
생일 → 생신, 밥 → 진지, 나이 → 연세, 이 → 치아, 술 → 약주, 집 → 댁, 병 → 병환, 나 → 저, 아프다 → 편찮다, 먹다 → 잡수시다, 있다 → 계시다, 자다 → 주무시다, 묻다 → 여쭙다, 말하다 → 말씀드리다, 주다 → 드리다, 만나다 → 뵙다 등이 있다.

경어는 상대의 인격을 높이는 일이기도 하지만, 경어를 씀으로써 자신의 위상이 올라갈 뿐 아니라 상대에게 그만큼의 존중을 받게 된다. 경어를 제대로 쓰지 못하거나 말을 함부로 하는 사람은 누구에게도 존중받지 못한다.

## 13) 숫자를 쓸 때 유의 사항

아라비아 숫자는 인도에서 비롯된 것이지만 아라비아 사람이 유럽으로 전한 후, 세계 전역으로 퍼진 까닭에 아라비아 숫자로 이름 지어진 것이다. 0의 개념은 바빌로니아에서 발명된 것이다.

수학이나 갯수를 표시할 때 편한 것이야 말로 다 할 수 없지만 우리말을 사랑하는 의미에서 일, 이, 삼…… 등으로 발음되는 것은 숫자로 표시하되, 하나 둘, 셋…… 등으로 발음되는 것은 우리말로 표기하는 것이 바른 습관이라고 생각한다.

숫자로 표기할 문장의 예를 들어 보면,

"우리 아이는 5학년이에요."

"25번 학생 일어나 보세요."

"오늘은 6월 27일입니다."

숫자 말고 우리말로 표기할 문장의 예를 들어 보면,

"이 사과 여섯 개 주세요."

"열일곱 번 사용했어요."

위의 말을 숫자로 적었다면 '사과 6개'가 되고 '17번 사용'으로 읽게 되어 어색해진다.

## 14) 영어식 표현

세계화니 지구촌이니 하는 말로 알 수 있듯이, 자기 것만 고집하고는 살 수 없는 세상이 되었다. 더군다나 인터넷이라는 온라인 망으로 세계는 말 그대로 하나의 망 안에서 함께 움직이며 변화해 가고 있다.

그런 가운데 미국과 영국 중심의 선진 문명을 받아들이기에 바쁜 우리나라는 문화뿐 아니라 언어 또한 영어식으로 많이 변하고 있다. 책의 경우, 창작물보다 번역물이 더 많이 출판되고 있는 실정이다.

외국어를 지나치게 많이 사용하는 것도 그렇고, 지나친 영어식 표현은 몹시 거북하다. 몇 가지의 예를 들어 보겠다.

"그녀로부터의 초대가 나를 기쁘게 했다."

"그렇게 일이 진행되어지고 있는 가운데……"

"어제 발생한 부산에서의 사건은……"

"문화적 탐구로서의 의의를 갖는 이번 유럽으로의 여행은 ……"

"날씨가 궂은데도 불구하고, 이렇게 와 주셔서……"

"소매치기를 하던 강도가 용감한 시민에 의해 붙잡혔다."

위의 문장들은

"그녀가 나를 초대해 주어 기뻤다."

"그렇게 일이 진행되고 있는 가운데……"
"어제 부산에서 일어난 사건은……"
"문화 탐구의 의미가 있는 이번 유럽 여행은……"
"날씨가 궂은데도 이렇게 와 주셔서……"
"소매치기를 하던 강도가 시민에게 붙잡혔다."

이렇게 표현해야 자연스러울 뿐 아니라, 그 내용 또한 바르게 전달하는 데 아무런 문제가 없다. 이 외에도 알게 모르게 우리는 영어식 말을 많이 사용하고 있다. '살기 위해서'는 '살려고', '운동하기 위해서'는 '운동하려고' 등으로 바꿔 말하는 것이 우리식 표현이다.

그 외 일본식 표현도 많은데, 그 중 하나가 '피동 표현'이 많은 것과 '의'를 너무 많이 쓰는 것이다.

'주목하다, 받아들이다, 생각하다'를 '주목되다, 받아들여지다, 생각되다' 등 피동으로 사용하는 것과 '나의 살던 고향', '그곳의 사람의 집에서'처럼 '의'를 어색하게 사용하는 것은 일본식 표현이다. 신소설의 제목으로 사용한 '혈의 누', '귀의 성', '연의 각', '소년의 비애' 등도 일본어의 영향을 받은 것이다.

문장을 남이 잘 이해하도록 쉽게 쓰는 것이 바람직한 일이라고 하겠다. 그런 의미에서 뒤쪽에 〈국어연구원〉에서 발표한 '국어 순화 자료'를 실었으니 참고하여 좋은 우리말을 잘 사용하도록 하자.

제3장

쉬운 띄어 쓰기

글을 쓸 때 가장 어려움을 겪는 것이 띄어 쓰기이다.

조사와 의존 명사, 보조 용언은 띄어 쓴다는 등 몇 가지의 맞춤법 규정이 있지만, 조사인지 아닌지 헷갈리는 경우도 있고 보조 용언으로 쓰였는지 합성어인지 혼동되는 것이 한두 개가 아니기 때문이다.

사전에 용례로 나오는 낱말은 얼마 되지 않고, 또 그나마 사전마다 문법 규정을 다르게 적용하고 있어 같은 낱말이 다르게 표기되어 있는 경우도 많아 도대체 어느 것이 바른 말인지 정말 혼동된다.

그래서 실생활에서 많은 사람들이 혼동하고 있는 '띄어 쓰기' 를 중심으로 다시 한 번 짚어 보려고 한다.


(1) 조사는 꼭 앞말에 붙여 써야 한다.


우리는, 네가, 너마저, 처음부터, 어디까지, 아들 하나밖에, 잊을 수밖에


(단, '밖' 이 바깥을 의미하는 명사일 때는 띄어 쓴다 :
창문 밖에서, 그 밖의 사람들)


사람뿐
( '뿐' 이 용언 아래 쓰일 때는 의존명사로서 띄어 쓴다 : ~할 뿐이다, 그랬을 뿐)

너조차, 하기는커녕,

그런 사람치고

(그건 그렇다고 '치고', 노는 셈으로 '치고'에서 '치고'는 동사이므로 띄어 쓴다.)

(2) 성과 이름은 붙여 쓰고, 호칭이나 관직 이름은 띄어 쓴다.

이순신　　충무공 이순신 장군

이승만　　이승만 대통령

정문수 씨　이 씨 아저씨

(사람의 성이나 이름 밑에 존대를 표시하는 뜻으로 쓰일 때는 접미사이므로 붙여 쓴다. 김씨!, 준식씨!)

(3) 고유명사는 단어별로 띄어 씀이 원칙이나 단위별로 띄어 쓸 수 있다.

은평 중학교　　　　　은평중학교

서울 대학교 이과 대학　서울대학교 이과대학

한국 체조 협회 이사단　한국체조협회 이사단

(4) 보조 용언은 띄어 씀이 원칙이나 붙여 쓰는 것도 허용한다.

| | |
|---|---|
| 도와 주고 싶다만 | 도와주고 싶다만 |
| 잃어 버린 것을 | 잃어버린 것을 |
| 그 정도는 할 만하지 | 그 정도는 할만하지 |
| 긁어 내면 될걸 | 긁어내면 될걸 |

(5) 의존명사, 단위를 나타내는 명사 및 열거하는 말은 띄어 쓴다.

| | |
|---|---|
| 아는 만큼 말한다 | 그러기에 망정이지 |
| 뜻하는 바야 알겠는데 | 나도 할 수 있다 |

| | | |
|---|---|---|
| 옷 한 벌 | 집 한 채 | 열 살 |

| | |
|---|---|
| 회장 겸 부회장 | 열 내지 스물 |
| 청군 대 백군 | 사과, 배, 귤 등등 |

(6) 수는 만 단위로 띄어 쓴다.

삼천칠백사십오만 이천이백십육.　32억 3287만 1234

(7) 해, 섬, 강, 산 등이 외래어에 붙을 때에는 띄어 쓰고, 우리 말에 붙을 때에는 붙여 쓴다.

카리브 해, 발리 섬, 리오그란테 강, 몽블랑 산.

한강, 홍해, 목요섬, 소양강, 백두산.

*나이를 나타낼 때도 위의 규정을 지켜서, '스물 여섯 살', '마흔
두 살'은 '스물여섯 살', '마흔두 살'로 써야 한다.
  단, 돈의 단위를 나타낼 때는 변조의 위험이 있으므로 다음처럼
다 붙여 쓴다. "십억칠천사백오십이만원정"

〈붙여 쓰는 것이 더 일반적인 경우〉

• 연, 월, 일, 시, 분을 쓸 때
이천오년 칠월 십오일, 세시 삼십분.

• 숫자 뒤에서
3년, 197개, 26번.

• 차례를 나타내는 말일 경우
삼층, 오급, 오학년.

⑻ 유의해야 할 띄어 쓰기

|    ( × )    |    ( ○ )    |
| --- | --- |
| 좋은 사람 입니다 | 좋은 사람입니다 |
| 커갈 수록 | 커 갈수록(*할수록) |

| | |
|---|---|
| 할 수 밖에 | 할 수밖에(*할 수 없이) |
| 것 뿐만 아니라 | 것뿐만 아니라 |
| 얼굴이 잘 생긴 | 얼굴이 잘생긴 |
| 성질이 못 됐어 | 성질이 못됐어 |
| 네가 못가면 | 네가 못 가면 |
| 그러면 안돼 | 그러면 안 돼 |
| 참 안 됐어 | 참 안됐어(불쌍하다) |
| 그렇게 해본 즉슨 | 그렇게 해본즉슨 |
| 말해야 겠다 | 말해야겠다 |
| 만나면서 까지 | 만나면서까지 |
| 10년 전 부터 | 10년 전부터 |
| 너 만큼 알아 | 너만큼 알아 |
| 오기는 커녕 | 오기는커녕 |
| 거절할 망정 | 거절할망정(앞쪽 망정과 구분) |
| 거절 당하다 | 거절당하다('당하다'는 접미사) |
| 맨 손(맨 발) | 맨손(맨발)—접두사 |
| 맨앞(맨처음) | 맨 앞(맨 처음)—관형어 |
| 아는 지 모르는 지 | 아는지 모르는지 |
| 너하고 사귄지 | 너하고 사귄 지 |
| 밥 먹 듯이(하 듯이) | 밥 먹듯이(하듯이) |
| ~할 걸(얘기할 걸) | ~할걸(얘기할걸) |
| 회의중이라서(오늘중으로) | 회의 중이라서(오늘 중) |

| | |
|---|---|
| 눈 깜짝 할 사이 | 눈 깜짝할 사이 |
| 다음 날(주, 달, 해) | 다음날(주, 달, 해) |
| 더 할 나위 없이 | 더할 나위 없이 |
| 마지 않다 | 마지않다 |
| 보잘 것 없다 | 보잘것없다 |
| 아닌게아니라 | 아닌 게 아니라 |
| 어처구니 없이 | 어처구니없이 |
| 짧디 짧은 | 짧디짧은 |
| 한 가운데(한 귀퉁이) | 한가운데(한귀퉁이) |
| 한 쪽(이 쪽, 저 쪽, 한 차례) | 한쪽(이쪽, 저쪽, 한차례) |
| 한 솥 밥(한 세월, 한 세상) | 한솥밥(한세월, 한세상) |

* '중' 은 의존명사로 띄어 쓰지만 '밤중, 은연중, 부지중, 무의식 중' 등은 합성어로 취급하여 띄어 쓰지 않는다.

| | |
|---|---|
| 부모 자식간에 | 부모 자식 간에 |
| 서울 부산간 철도 | 서울 부산 간 철도 |

*예외 : '이틀간, 한 달간' 처럼 '동안' 을 나타낼 때와 '국제간, 내 외간, 모자간, 부자간, 부부간, 부지불식간, 불식간, 조만간, 좌우간' 등은 합성어로 간주하여 붙여 쓴다.

⑼ 같은 말이라도 상황과 문맥에 따라 띄어 쓰기가 다른 경우

"영호는 공부를 잘한다." : 성적이 좋다는 뜻.

"영호야, 공부 좀 잘 해라." : '잘' 이 부사로 쓰여 열심히 하라는 뜻.

"영호는 지금 공부하고 있다." : '공부하다' 가 동사로 쓰임.

"영호는 지금 수학 공부(를) 하고 있다." : '하다' 가 동사로 쓰임.

"그렇게 일하는 것보다 이렇게 하는 것이 낫지." : '일하다' 가 동사로 쓰임.

"그런 일 하는 것보다 다른 일을 찾아 봐." : '하다' 가 동사로 쓰임. '그런' 이라는 관형어는 '일' 이라는 명사를 수식하지 '일하다' 라는 동사를 수식하지 않음.

"성호는 공부를(노래를) 못한다." : 능력이 못 미친다는 뜻.

"성호는 공부를 못 한다." : 공부를 하지 못하고 있다는 뜻.

"성호는 공부를 하지 못한다." : '하지' 뒤에서 '못' 은 능력의 문제로 보아 붙여서 쓴다.

"그는 아무 말 없이 앉아 있었다." : 말을 하지 않았다는 뜻.

"그는 말없이 앉아 있었다." : 조용히 있다는 뜻.

*언어나 종족의 경우는 띄어 쓰는 게 원칙이지만, 붙여 쓰는 것도 허용되고 있다.

러시아 어/러시아어, 스페인 어/스페인어
게르만 족/게르만족, 터키 족/터키족, 그리스 인/그리스인

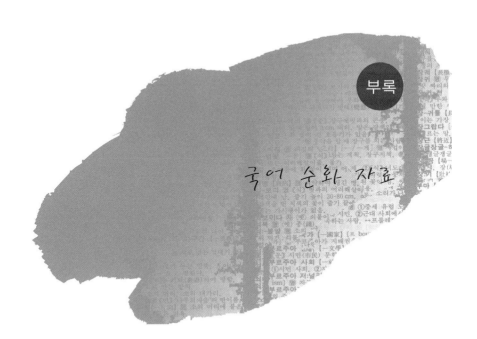

부록

국어 순화 자료

가급적, 가능한 한―될 수 있는 대로

가내―집안

가동하다―움직이게 하다

가두 판매―거리 판매

가드레일―보호 난간

가량―쯤

가령―이를테면

가로등―거리등

가사 상태―기절 상태

가소롭다―우습다

가연성―타는 성질

가중되다―더 무거워지다

가증스럽다―밉살스럽다

가차없이―사정없이

가출―집나감

가타부타―옳다 그르다

가택―집

가풍―집안 풍습

가하다―더하다

가해자―해친이

각광받다―주목받다

각별히―특히, 특별히

각서―약속 문서, 다짐글

각설하고―화제를 돌려

각성하다―깨닫다

각종―여러 가지

간간이―이따금

간계―간사한 꾀

간구하다―요구하다, 바라다

간극―틈

간담회―대화 모임

간만―썰물 밀물

간석지―개펄, 개흙땅

간식―새참, 샛밥

간여하다―상관하다, 관계하다

간조―썰물

간주하다―보다, 여기다, 치다

간혹―이따금, 종종

갈망하다―바라다, 기다리다

감소하다―줄다

감염되다―옮다, 물들다

감옥―교도소

감하다―줄이다

갑을남녀―보통 사람들

갑충―딱정벌레

강강수월래―강강술래

강설량―눈 온 양

강우량―비 온 양

309

강타하다—세게 치다

강화하다—튼튼하게 하다

개간지—일군 땅

개관해 보면—대충 살펴보면

개그—재담

개런티—출연료

개명—이름을 고침

개시—시작

개심하다—뉘우치다

개입하다—끼어들다

개종—고침

객혈—피 토하기

갤러리—관중, 구경꾼

갭—틈, 차이, 간격

갱—강도, 폭력배, 작업반

갱생하다—다시 살아나다, 새 삶을 얻다

갱신하다—새롭게 하다, 새로 하다

갱의실—탈의실, 옷 갈아입는 곳

거간꾼—중매인

거금—큰돈

거동—태도, 행동

거마비—교통비, 차비

거목—큰나무

거물—큰인물

거사—큰일

거수하다—손들다

거절하다—물리치다

거주자—사는 곳

거행하다—올리다, 하다

건어물—마른 어물

건조—말림

겁탈하다—강제로 빼앗다

게놈—유전체

게시판—알림판

게양—닮, 올림

게이트—문

게임—경기

게재하다—싣다

격리—떼어놓음

격세지감—몹시 달라짐

격의없이—터놓고, 허물없이

격자문—문살문, 살창

격차—차이

격퇴하다—물리치다

견갑골—어깨뼈

견고하다—단단하다

견습 기자—수습 기자

견실한—튼튼한, 알찬

견인하다—끌다

견적하다—어림셈하다

견자—처지, 관점

결속하다—묶다, 뭉치다

결손—모자람

결식 아동—굶는 아이

결실—열매 맺기

결여되다—모자라다

결집시키다—한데 모으다

결함—흠

겸비—두루 갖춤

겸하여—아울러

경각심—깨우침

경거망동—경망한 행동

경계—조심

경과된—지난

경구투약—먹는 약 주기

경련—떨림

경미한—가벼운, 대수롭지 않은

경사—기쁜 일, 좋은 일

경솔하다—언행이 가볍다

경시하다—쉽게 생각하다, 가볍게 여
　기다

경신하다—바꾸다, 고치다

경원하다—멀리하다

경유하다—거치다

경이감—놀람

경작하다—짓다

경중—가볍고 무거움

경청하다—귀여겨듣다

계기—기회

계란—달걀

계량하다—양을 재다

계산하다—셈하다

계승하다—이어받다

고가—비싼 값

고가차—사다리차

고려하다—생각해 보다

고하다—알리다

곤란하다—어렵다

공복—빈속

공용—함께 씀

공유하다—함께 갖다

공전하다—헛돌다

공존—함께 살아감

공포—널리 알리다

공표—발표

공히―같이, 함께, 모두

과거―지난날

과다하다―너무 많다

과도한―지나친

과실―열매

관객―구경꾼

관대하다―너그럽다

관망하다―지켜 보다

관용―너그러움

관장하다―담당하다, 맡다

관할―담당

괄목할 만한―놀랄 만한

광고하다―널리 알리다

광의―넓은 뜻

교란―어지럽힘, 혼란하게 만듦

교부하다―내주다

교정―바로잡다

구구하다―(각각) 다르다

구근―알뿌리

구두로―말로

구매하다―사다

구미―입맛

구사리―면박, 핀잔, 꾸중

구상하다―생각하다

구실―핑계

구입하다―사들이다

구태의연하다―여전하다

귀환―돌아옴

그라운드―경기장, 운동장

그룹―단체, 동아리

그린벨트―개발제한구역

그 외에―그 밖에

극복하다―이겨내다

극심하다―매우 심하다

근거리―가까운 거리

근사하다―그럴듯하다, 비슷하다

근절시키다―뿌리뽑다, 없애다

글러브―장갑

글로벌―세계적, 세계화

금년―올해

금번―이번

금시초문―처음 들음

금월―이번 달

금일―오늘

금하다―못하게 하다, 못하다

급기야―마침내

급박―매우 급함

급여―봉급, 임금

급증하다―갑자기 늘다

기민하다―날쌔다

기아―굶주림

기입하다―써넣다

기재하다―쓰다, 적어 넣다

기탄없이―거리낌 없이

기피하다―피하다, 꺼리다

기필코―기어이, 반드시, 꼭

기합 주다―벌주다, 꾸중하다

낙조―저녁놀

난국―어려운 상황, 어려운 고비

난닝구―러닝 셔츠

난삽하다―어렵다

난제―어려운 문제

난처―어려움

날인하다―도장 찍다

남용하다―마구 쓰다

납골당―유골 안치소

납부하다―내다

낭독하다―소리내 읽다

낭송하다―소리내 읊다

내실―알참, 실속

내왕하다―오가다

내외―안팎

냉소―비웃음

냉풍―찬바람

넘버―번호

넘버원―으뜸

노가다―막일꾼, 노동자, 인부

노상―길바닥

노이로제―신경쇠약

노점―거리 가게, 길 가게

노크하다―두드리다

노폐물―묵은 찌꺼기

노하우―비결, 기술, 비법

노후한―낡은, 낡아서 못 쓰게 된

논픽션―실화

농―고름

농번기―바쁜 농사철

누설하다―새다, 흘리다

누수―새는 물, 물이 샘

누적되다―쌓이다

누차―여러 번, 여러 차례

누출하다―새어 나가다, 새어 나오
다

뉘앙스―말맛, 느낌, 어감

뉴스―새소식

뉴스레터—소식지

늑골—갈비뼈

능선—산등성

능히—넉넉히, 거뜬히

님비—지역 이기주의

다년 간—여러 해 동안

다방—찻집

다방면으로—여러 모로

다운되다—멈추다, 정지하다

다운로드—내려받기

다운시키다—내리다, 낮추다, 쓰러뜨
리다

다운타운—중심가, 번화가

다이내믹하다—생동적이다, 역동적
이다

다이아몬드—금강석

다이알—번호판, 글자판, 시간표

다이어리—일기장

단계적으로—차례차례

단발—짧은 머리

단색—한 가지 색

단절하다—끊다

단점—나쁜 점

단자—겨우, 오직

담낭—쓸개

답변—대답

답습하다—그대로 따르다, 본받다

당부하다—부탁하다

당분간—얼마 동안

당연히—마땅히

당장—곧, 지금, 바로

당혹—당황

대결하다—겨루다, 맞서다

대국민—국민에 대한

대금—값, 돈

대기하다—기다리다

대단히—매우, 아주

대동소이하다—거의 같다

대등하다—비슷하다

대여하다—빌려 주다

대응하여—맞추어, 상대하여

대체하다—바꾸다

대출—빌림

더블—복식, 이중

더빙—재녹음, 재녹화

더빙하다—말 입히다

덤핑—헐값 판매

데드라인—한계선, 최종 한계, 마감

도벽—훔치는 버릇

도입하다—들여오다

도포하다—바르다

독거 노인—홀로 사는 노인

독려하다—장려하다

독서—책 읽기

독촉하다—재촉하다

동계—겨울(철)

동면—겨울잠

동복—겨울옷

동봉하다—함께 보내다

동사하다—얼어 죽다

동승하다—함께(같이) 타다

동시에—같은 때, 아울러

동일한 입장—같은 처지

동조하다—편들다, 따르다

동참하다—함께 참여하다

동행하다—같이 가다

두개골—머리뼈

두절되다—끊기다

둔부—엉덩이

둔화되다—무디어지다, 둔해지다

드라이—건조(기)

드레싱—맛깔장

등한시하다—소홀히하다

디스카운트—에누리, 할인

딜레마—궁지, 진퇴양난


라벨—상표, 꼬리표

라스트—마지막

라이트—조명

라이프 사이클—수명 주기

라인—선

래프팅—급류 타기, 물살 타기

랭킹—순위

럭셔리하다—고급스럽다, 호사스럽다

레인 코트—비옷

레임덕—권력 누수

레퍼토리—노래 곡목, 연주(상연) 목록

로그인—접속

리더—지도자

리더십—지도력, 통솔력

리드하다—앞서다

리메이크—개작, 재제작

리모델링—구조 변경

리모컨—원격조정기

리믹스—재합성

리바이벌—복고, 재생

리사이틀—연주회, 발표회

리셉션—피로연, 축하연, 초대연, 연
　회

리스크—위험

리스트—목록, 명단

리얼 타임—실시간

리얼리티—사실성, 현실감

리얼하다—사실적이다, 현실감 있다

리퀘스트—신청, 요청

링—고리


마네킹—광고 인형, 매무새 인형

마대—포대, 자루

마마보이—치마폭 아이, 응석받이

마사지—안마

마스크—얼굴, 얼굴선

마스터—숙달, 통달

마이너—비주류

마케팅—시장 거래, 관리

마켓—시장

막중한—아주 중요한

만료되다—끝나다

만연하다—번지다, 널리 퍼지다

만조—밀물

말미—끝, 뒤

말소하다—지우다, 없애다

망각하다—잊어버리다, 잊다

망년회—송년 모임, 송년회

망라하다—통틀다

매각하다—팔다

매너리즘—타성

매년—해마다

매뉴얼—사용서, 설명서, 안내서

매니저—지배인, 감독, 관리인

매도하다—팔다

매립하다—메우다

매상—판매, 팔기

매수하다, 매입하다—사들이다

매월—다달이

매일—날마다

매장하다—묻다

매표구, 매표소—표 사는 곳

멀티미디어—다중매체

메가폰—손확성기

메뉴—차림, 식단

316

메모리―기억, 추억

메신저―쪽지창

메이저―대형, 주류

메이커―제작자, 제조업체

메이크업―화장, 마무리

메카―요람, 중심지, 본거지

멜로드라마―통속극, 애정극

멜로디―가락

멤버십카드―회원증

면전―눈앞

면책되다―책임을 벗다

명기―분명히 기록함

명문화―문서로 밝힘

명시하다―밝히다

명실공히―이름 그대로

명조체―바탕체

모니터링―감시, 검색

모닝콜―깨우기 전화, 기상전화

모델―모형

(글)모두에―(글)머리에

모드―유행, 양식

모럴―도덕, 도의

모면하다―벗어나다, 면하다

모바일 뱅킹―이동 통신 은행

모발―머리털

모색하다―찾다

모자이크―짜맞추기, 짜맞추다

모터―전동기, 발동기

모토―신조, 좌우명

모티브―동기

모피―털가죽

목하―지금, 현재

몰지미한―지각 없는

묘연하다―감감하다

무난하다―괜찮다

무산되다―안 되다, 못 하다, 흩어지
다

무위도식하다―놀고 먹다

무주택자―집 없는 사람

묵인하다―(알고도) 넘겨 버리다

문란하다―어지럽다

문서화하여―문서로 만들어

물가―물건값

미네랄 워터―광천수

미니어처―소품

미래―앞날

미미한―보잘것없는

미비한―덜 갖춘

미상불─아닌 게 아니라

미스터리─추리

미싱─재봉틀

미연에 방지하다─미리 막다

미온적인─미지근한

믹스하다─섞다

밀고하다─고자질하다

밀매하다─몰래 팔다

밀반입─몰래 들여옴

밀반출─몰래 내감

밀크─우유

밀폐하다─꼭 닫다


바겐세일─싸게 팔기, 할인판매

바리케이드─방벽, 방어벽, 방책

바운더리─경계, 구역

바인더─묶음, 보관철

바자회─자선장, 특매장

바캉스─휴가

바코드─막대 표시, 줄 표시

박스─상자, 곽, 갑

박차를 가하다─힘쓰다, 온 힘을 기울이다

박탈하다─빼앗다, 없애다

박피─껍질 벗기기

반경─반지름

반납─되돌려 줌

반려하다─되돌려 보내다

반목하다─서로 미워하다

반복─되풀이

반송─되돌려 보냄

반환하다─되돌리다

발간하다─펴내다

발군─뛰어남, 빼어남

발굴하다─파내다, 찾아내다

발매하다─팔다

발발하다─발생하다, 일어나다

발송인, 발신인─보내는 사람

발아─싹트기, 싹틈

발의하다─의견 내다

발주하다─주문하다

발코니─난간

발탁하다─뽑다

발화─불이 일어남

발휘하다─떨치다

밤바─범퍼

방광─오줌보

방기하다─내버리다

318

방뇨―소변 보기, 오줌 누기

방대한―매우 큼

방뇨―흘러보내다, 떠내려보내다

방목―놓아 먹이기

방심하다―마음 놓다

방위하다―지키다

방임하다―버려두다

방지하다―막다

방풍림―바람막이 숲

방화―국산 영화

배가―갑절 늘림

배뇨―오줌 빼기

배당하다―나누어 주다

배려하다―마음 쓰다

배부하다, 배포하다―나누어 주다

배분―나누어 줌

배석하다―자리를 같이하다

배수구―물빼기 도랑

배알하다―뵙다

배양하다―기르다

배역―맡은 역할

배열―늘어 놓음

배제하다―물리치다

배지―휘장, 표장

배출하다―내보내다

배터리―전지

배합―섞기

백 넘버―등번호

백미러―뒷거울

백그라운드―배경

백색―흰색

백업 파일―복사 파일

백자―잣

밴드―악단, 악대

밸런스―균형

버블―거품

번복하다―뒤엎다

번잡―혼잡함, 번거로움

번트―살짝 대기

벌목―나무 베기

범람하다―넘치다

범주―테두리, 범위

범칙―법을 어김

범하다―저지르다

베스트―최상, 일류

벨트―허리띠

변경하다―바꾸다

변별하다―가리다, 분별하다

변상하다—갚다, 물다

별개의—다른

별도로—따로

별지—딴 종이, 딸린 종이

별책—딸림책

별첨—붙임

별표—따로 붙인 표

병기하다—함께 쓰다, 함께 적다

병행하다—함께 하다

보균자—병균 지닌 사람

보디가드—경호원

보류하다—미루다

보수하다—고치다

보유하다—지니다

보이스—음성

보이콧—거절, 거부, 배척

보정—바로잡음

복사하다—베끼다, 뜨다

복용하다—(약)먹다

복종하다—따르다

복통—배앓이

본래—본디

본색—바탕

볼륨—부피감, 음량, 소리 크기

볼트—수나사

봉착하다—부닥치다

부가하여—덧붙여

부단한—끊임없는, 꾸준한

부당한—옳지 않은

부상하다—떠오르다

부재중에—없을 때에

부적합한—알맞지 않은

부화—알깨기

분쇄하다—부수어뜨리다, 쳐부수다

분실하다—잃어버리다

분양하다—나누다(나누어 팔다)

분열되다—갈라지다

불가피하게—어쩔 수 없이

불량한—좋지 못한

불매 운동—안 사기 운동

불문하고—묻지 않고

불분명한—분명하지 않은

불시에—느닷없이

불신하다—못 믿다

붐—대유행

붕괴—무너짐

브러시—솔

블로그—누리사랑방

비료—거름

비번—근무 아님, 당번 아님

비전—이상, 전망

비치하다—갖추어 두다

비행—못된 짓, 잘못

비호하다—감싸주다, 두둔하다

빈티지 패션—중고 패션

빌딩—고층 건물

빙자하다—핑계 삼다


사용하다—쓰다

사이드—옆, 곁

사이드 카—호위 차량

사이버—가상 (공간)

사이비—가짜, 겉비슷

사이즈—크기, 치수

사이클—주파수, 자전거

사이카—깜빡이 조명

삭감하다—깎다, 줄이다

삭제하다—지우다, 없애다

산란—알낳기

산재하다—흩어져 있다

산적한—산더미 같은

산출하다—계산해 내다

삽화—곁그림

상가—초상집

상견례하다—첫인사를 나누다

상록수—늘푸른나무

상반신—윗몸

상반하다—어긋나다, 반대되다

상부상조—서로 돕기

상쇄하다—맞비기다

상술—장사 솜씨

상승세—오름세

상실하다—잃다, 잃어 버리다

상이하다—서로 다르다

상주하다—계속 머물다, 늘 살고 있다

상충하다—어긋나다

상호간—서로 간

상회하다—웃돌다

샘플—표본, 견본

생방송—현장 방송

생선가스—생선 튀김

샤프하다—날카롭다, 산뜻하다, 선명하다

서비스(서빙)—봉사, 접대

서식처—사는 곳, 깃들이는 곳

서열—차례

서클—동아리, 모임

석간 신문—저녁 신문

선팅—빛가림

선착장—나루, 나루터

선창—부두

선탠—살갗 태우기

선행하다—앞서다

선형—부채꼴

선호—좋아함

설문—물음

성명—이름

성찰—돌이켜 봄, 깊이 살핌

성취하다—이루다

세대주—가구주

세미나—연구회, 발표회, 토론회

세미콜론—쌍반점(;)

세일—할인 판매, 싸게 팔기

세일즈맨—외판원, 판매원

세척하다—씻다, 빨다

세탁하다—빨래하다

섹시가이—매력남

섹시하다—관능적이다, 산뜻하다

센서스—통계 조사, 인구 조사

센세이셔널하다—놀랍다, 충격적이다

센스—눈치, 분별

센치하다—감상적이다

센티멘탈리즘—감상주의

소감—느낀 바

소급하다—거슬러 올라가다

소데나시—민소매

소등하다—불끄다

소신—믿는 바

소외하다—멀리하다

소유하다—가지다

소음—시끄러운 소리

소아—까닭

소인—날짜 도장

소임—맡은 일

소정의—정해진

소지하다—가지고 있다

소파—긴 의자

소프트하다—부드럽다

소홀히—가볍게

소화하다—불끄다

소환장—부름표

속결하다—빨리 정하다

속보―빨리 알림

속수무책―해볼 도리 없음

속출하다―잇따르다, 잇달다

속하다―딸리다

속히―어서, 빨리

손상―다침

솔선수범―앞장서 모범을 보임

송구하다―미안하다, 죄송하다

송달―보냄, 띄움

송환하다―돌려보내다

쇄도하다―몰려들다

쇄신하다―새롭게 하다

쇼맨십―허세, 제 자랑

쇼윈도―진열장, 전시장

쇼크―충격

쇼핑 카트―밀차

쇼핑 호스트―상품 안내자, 소개인

수거하다―거두어가다, 거두어들이
  다

수교하다―외교 관계를 맺다

수령하다―받다

수로―물길

수록하다―싣다

수립하다―세우다, 짜다

수색하다―찾다, 찾아내다

수수방관하다―보고만 있다

수여하다―주다, 드리다

수주하다―주문 받다

수집하다―모으다

수축되다―오그라들다, 줄어들다

수취하다―받다

수탈하다―빼앗다

수합하다―모으다

수혜자―혜택받는 사람

숙지하다―익히 알다

숙환―오랜 병

순번대로―차례로

순시하다―돌아보다

스릴―전율, 긴장감

스태프―제작진, 참모진, 간부

스탠드바―선술집

스탠드―관중석, 책상

스텝―층계, 걸음, 단계

스토리―이야기, 줄거리

스톱―정지, 정차, 멈춤

스튜디오―녹음실, 방송실

스트레스―긴장, 불안, 짜증

스트레칭―몸 풀기

스펙터클하다—웅장하다, 웅대하다,
　거대하다
스포티하다—날렵하다, 경쾌하다
스폰서—후원자
스프레이—분무(기)
스프링클러—자동 물뿌리개
스피드—속력, 속도, 빠르기
슬라이딩—미끄러지기
슬럼프—부진, 침체
슬로건—표어, 강령, 구호
슬림형—좁은형, 납작형
습득물—주운 물건
승선하다—배 타다
승차하다—차 타다
시나리오—대본
시니컬하다—냉소적이다
시뮬레이션—모의 실험
시스템—조직, 체제, 방식
시식하다—시험 삼아 먹어 보다
시음하다—맛보다
시정하다—바로잡다
시종일관—한결같이
시찰하다—살펴보다
신중히—조심스럽게

실추시키다—떨어뜨리다
심사숙고하다—깊이 생각하다
심심한 사의—깊은 고마움
심플하다—단순하다

아국—우리나라
아군—우리 군
아나고—붕장어, 바다 장어
아로마 다이어트—향기 건강법
아마추어—비전문가
아바타—분신
아우트라인—윤곽, 테두리
아웃사이더—문외한, 국외자
아이덴티티—정체성, 일체감
아이디어—생각, 착상, 착안
아이러니—이율배반, 역설, 모순
아이스박스—얼음 상자
아이템—항목, 종목, 소재,
아카데믹하다—학문적이다, 학술적
　이다
아케이드—연립 상가, 연쇄 상가
악습—나쁜 버릇
악천후—거친 날씨
악화되다—더욱 나빠지다

324

알레르기—과민/거부반응

알선하다—주선하다, 마련하다

압승하다—가볍게 이기다

압축하다—줄이다, 요약하다

앙케트—질문, 설문 조사, 여론 조사

애니메이션—만화영화

애드리브—즉흥성

애드벌룬—광고 풍선, 광고 기구

애매모호하다—확실하지 않다

애프터서비스—사후 관리, 사후 봉사

액면대로—적힌 대로, 말대로

액세서리—장식물, 노리개

액션—동작

야근—밤일

야기되다—생기다

야기하다—일으키다

양육하다—기르다

양해하다—그리 아시기 바랍니다

언더라인—밑줄

언더웨어—속옷

언변—말재주, 말솜씨

엄벌에 처하다—벌하다, 엄하게 다스리다

엄수—꼭 지킴

업그레이드—상승, 개선

에로틱하다—선정적이다

에이전시—대행사

에이전트—대리인, 대행인

에필로그—끝, 맺음말

엔조이하다—즐기다

엔지—잘못 촬영됨, 잘못 찍음, 다시

엔지니어—기사, 기술자

엔트리—참가자

엘리트—우수, 정예

엠티—수련 모임

여가—겨를, 틈

여과—거르기

욕설하다—힘주어 말하다

역할—소임, 구실, 할일

연고로—그러므로, 그러한 까닭으로

연기하다—미루다

연대—공동

연마하다—갈고 닦다

연상—손위

연쇄—사슬, 잇단

연연하다—미련을 두다

연장하다—늘리다

연접된─이어진, 접한, 서로 맞닿은

연착하다─늦게 도착하다

연패(連敗)하다─내리 지다

연패(連覇)하다─내리 이기다

열강─강한 나라들

열람하다─훑어보다

열악하다─나쁘다, 좋지 않다, 뒤떨
  어지다

염두에 두어─마음에 두어

엽기적─괴기적

영세민─저소득 주민

영위하다─경영하다, 하다, 행하다

영입─맞아들임

영치하다─잡아 두다

예견하다─미리 알다

예매하다─미리 팔다

옐로카드─경고 쪽지

오너 드라이브─손수 운전

오디션─심사, 검사

오리지널─본, 원본, 독창적

오수(午睡)─낮잠

오수(汚水)─구정물

오인하다─잘못 알다

옥상─지붕 위

옴니버스─엮음, 복합

와인─포도주

와일드하다─거칠다

완납하다─다 내다

완연하다─뚜렷하다, 또렷하다

완화시키다─누그러뜨리다, 풀다

왕년─지난 날, 한때

왕래─오감

왕왕─가끔, 이따금

요지부동─꿋꿋한, 흔들리지 않는,
  움직이지 않는

용납하다─받아들이다

용달─심부름

용무─볼일

우송하다─우편으로 부치다

우회하다─돌아서 가다

운송하다─실어 나르다, 태워 나르
  다

웅변한다─잘 말해 준다

워크아웃─기업 개선 작업

워크 홀릭─일 중독자, 일벌레

워킹머신─달리기틀

원래─본디, 본래

원룸─통집, 통방집, 튼방집

원목—통나무

원상 회복하다—원래대로 하다

원컨대—바라건대

월동—겨울 나기

월등—훨씬

웨딩 드레스—신부 예복, 혼례복

웨딩 플래너—결혼 설계사

웰빙—참살이

위촉하다—맡기다

유념하다—마음에 두다

유니섹스—남녀 겸용

유발하다—자아내다

유보하다—미루어 두다

유실하다—잃어버리다

유인하다—꾀어내다

유포하다—퍼뜨리다

유해하다—해롭다

은폐하다—감추다, 숨기다

의거하여—따라서, 좇아서, 근거 삼아

의뢰하다—맡기다

의사—생각, 마음, 뜻

이니셜—머리글자

이례적인—예상치 않은

이메일—전자 우편

이모티콘—그림말

이미지(이미저리)—영상(심상)

이벤트—사건, 행사

이산가족—헤어진 가족

이상—이만

이색적—색다른

이전하다—옮기다

이정표—길 안내판

이탈하다—벗어나다

인내를 갖고—참고

인식하다—알다, 이해하다

인출하다—찾다, 찾아가다

일거수 일투족—행동 하나하나

일거에—단번에

일괄적으로—몰아서, 한꺼번에

일단 정자—우선 멈춤

일람표—보기표

일목요연하게—분명하게

일체의—모든 것, 모두, 전부

잉태—임신


자격 상실—자격 잃음

자고로—예로부터

자국―제나라

자녀―아이

자력―제힘

자문하다―스스로 묻다

자바라―장식끈, 주름 상자

자성하다―스스로 반성하다

자숙하다―스스로 삼가다

자진하여―스스로

자초지종―처음부터 끝까지

자행하다―저지르다, 거리낌 없이 하
　다

작년―지난해

잔여―나머지

잠적하다―자취를 감추다

장녀―맏딸

장방형―긴네모꼴, 긴사각형

장족의 (발전)―큰, 빠른

장차―앞으로

재개하다―다시 열다

재고하다―다시 생각하다

저임금―낮은 임금

적당한―알맞은

적색―붉은 색

적석총―돌무지 무덤

적시―제때

적재적소―알맞은 곳, 알맞은 때

적합하다―알맞다

전개하다―펼치다

전모를 밝히다―전체 내용을 밝히다

전번에―지난번에

전생에―태어나기 전에

전소하다―다 타다

전대 미문의―지금까지 들어 보지
　못한

전전하다―떠돌다

전지 작업―가지 치기

전파하다―퍼뜨리다

전환하다―바꾸다

절감하다―줄이다

절단하다―자르다

절약하다―아껴 쓰다

점프하다―뛰다, 도약하다, 뛰어오르
　다

점화하다―불붙이다

정당한―옳고 바른, 바르고

정숙히―조용히

정정하다―고치다, 바로잡다

정착―자리잡음

정체되다—밀리다, 막히다

제거하다—없애다

제대—탯줄

제반—여러, 모든

제삼자—남

제시하다—내보이다

제외하다—빼다

제조하다—만들다

제지하다—말리다, 막다

제초 작업—풀 뽑기

제출하다—내다

제하다—나누다, 빼다

조각하다—새기다

조깅—건강 달리기

조달하다—대다, 마련하다

조립하다—짜 맞추다

조속히—빠르게

조작하다—꾸미다, 만들어 내다

조치하다—처리하다

졸지에—별안간, 갑자기

종결하다—끝맺다, 매듭짓다, 마치다

종료하다—끝나다, 마치다

종신형—무기형

종용하다—달래어 권하다

종전같이—전과 같이

종지부를 찍다—끝맺다

좌우간—아무튼

좌초하다—암초에 걸리다

주도면밀—빈틈없이

주력하다—힘을 기울이다

주목, 주시—눈여겨 봄

주선하다—마련하다

주지시키다—모두에게 알리다

준수하다—지키다

중구난방—마구 떠듦

중매인—거간, 거간꾼

중복되다—거듭

중첩되다—겹치다

증가되다—늘어나다

(사람이)증발하다—사라지다

증오—몹시 미워함

증정하다—드리다

지구력—오래 견딤

지난하다—매우 어렵다

지당한—당연한, 옳은

지대한—매우 큰

지리멸—애멸치

지지하는—떠받치는, 따르는

329

지진아—뒤진 아이

지참하다—지니고 오다

지체—늦어짐

지체없이—곧

지칭하다—일컫다, 가리키다

직결되다—바로 연결되다

직경—지름

직언—곧은 말, 바른 말

직진하다—바로 가다, 곧게 가다

진력—힘씀

진면목—참모습

진술하다—말하다

진위를 가르다—참과 거짓을 말하다

진입로—들어가는 길

진화하다—불을 끄다

질식하다—숨 막히다

질책하다—꾸짖다

질타—크게 꾸짖음

집요하다—끈질기다

집합하다—모이다

집회—모임

징발하다—뽑다

징벌에 처하다—처벌하다

징수하다—받다, 거두다

차감하다—빼다

차단하다—가로막다

차밍—매력적, 매혹적

차용하다—빌리다(빌려 쓰다), 꾸다

차일 피일—이날 저날

차질을 가져오다—어긋나다, 빗나다

차출하다—뽑아내다

차치하고—그만두고, 제쳐 놓고

차후—앞으로

착각하다—잘못 알다

착수하다—시작하다

착용하다—입다, 쓰다, 신다

찬스—기회

찰나—순간, 짧은 동안

참신한—새로운

채굴하다—캐내다

처벌하다—벌주다

천신만고—온갖 고생

천정부지—하늘 높은 줄 모름

천태만상—온갖 모양

철야하다—밤새우다

첨가하다—더 넣다, 더 보태다

첨부하다—(덧)붙이다

첨예하게—날카롭게

첩경—지름길

청취하다—듣다

청탁—부탁

체감—피부 느낌

체납되다—밀리다

체납하다—제때에 못 내다

체류하다—묵다, 머무르다

체인—사슬, 연쇄

체인점—연쇄점

체중—몸무게

체크—점검, 대조

체포하다—잡다, 붙잡다

(결과를)초래하다—가져오다, 하게 하다

촉박하다—시간 없다, 밭다, 얼마 안 남았다

총괄하여—통틀어

최근—요즈음

최단의—가장 짧은

최적의—가장 알맞은

추가하다—덧붙이다

추궁하다—캐묻다, 따져 묻다

추락하다—떨어지다

추렴하다—나누어 내다

추방하다—몰아내다

추수—가을걷이

추월—앞지르기

추적하다—뒤쫓다

추종하다—좇다, 따르다

추진하다—밀고 나가다

추출하다—뽑아 내다

축소하다—줄이다

출구—나가는 곳

출석하다—나가다, 나오다

충당하다—메우다, 채우다

충분한—넉넉한

충전하다—채우다

취급하다—다루다

취득한—얻은

취약점—허술한 점

치사하다—숨지게 하다, 죽게 하다

치어—새끼 고기

치유하다—고치다

치킨 프라이—닭튀김

침목—굄목, 받침 나무

칭하다—부르다, 일컫다


카리스마—권위

카메오—단역

카운슬러—상담자, 교도 교사

카운터—계산대

카운트다운—초읽기

카테고리—테두리, 범위, 범주

카툰—밑그림

카파라치—교통 신고꾼

카페—찻집, 술집

카피—사본, 복사

카피라이터—광고문안가

칼라—깃

칼럼—시사 평론, 시평

칼로리—열량

캐리커처—풍자화

캐릭터—개성, 특성

캐스터—진행자

캐주얼 웨어—평상복, 간편복

캔—깡통

캠퍼스—교정

캠페인—운동, 홍보

캠프—야영지, 야영막사

커넥션—결탁, 연계

커닝—부정 행위

커리어—경력

커리큘럼—교과 과정

커뮤니케이션—의사 전달, 소통

커미션—수수료, 중개료

커버—덮개, 가리개

커버하다—감추다, 감싸다

커서—깜빡이, 반디

커트라인—한계선, 합격선

커플—쌍, 짝, 부부

컨디션—상태, 조건

컨설팅—자문, 상담

컨트롤하다—통제하다, 조절하다

컬러링—멋울림

컴백하다—되돌아오다

케이스—경우, 사례, 상자, 갑

코너—모서리, 구석, 가게

코드—기호, 약호

코멘트—한말씀, 의견말, 논평

코미디—희극

콘셉트—개념, 설정

콘텐츠—꾸림 정보

콘퍼런스—학술 대회, 학술회의

콤플렉스—열등감, 욕구 불만, 강박 관념

쾌청한—맑은

쿠폰—교환권, 물표

쿼터제—할당제

퀴즈—문답

큐레이터—전시 기획자

크로스 오버—넘나들기

클래식—고전적인, 고풍의

클레임—배상 청구, 이의 제기

클릭하다—딸깍하다

키워드—핵심어

키보드—자판

키포인트—요점, 핵심


타결되다—매듭지어지다

타계하다—죽다, 돌아가시다

타깃—중심, 목표, 표적

타부—금기, 터부

타액—침

타워—탑

타월—수건

타이밍—때맞춤, 적기

타이트—빡빡한, 팽팽한

타이틀—제목, 표제

타이핑—타자

탁견—뛰어난 의견

탁월하다—뛰어나다

탈모—털 빠짐

탈수—물기 빼기, 물기 빠짐

탈지면—약솜

탈취하다—빼앗다

탈퇴하다—물러나다

탈피하다—벗어나다

탐닉—즐겨 빠짐

탑승하다—(차, 배, 항공기) 타다

탑재하다—싣다

탕감—덜어줌

태만하다—게을리하다

태클—막기

택배—집 배달, 문 앞 배달

택지—집터

터널—굴

터프가이—쾌남아

터프하다—거칠다

테스트하다—시험하다

텐트—천막

텔레마케팅—원거리 판매

텔레뱅킹—전화 은행, 전화 거래

텔레파시—영감

템포—빠르기, 박자, 속도

333

토너먼트—승자 진출전

토대—기틀, 밑바탕

토털—합계, 총계

톨게이트—표 파는 곳, 통관문, 통행
   료 징수소

톱가수—유명 가수, 인기 가수

톱기사—머리기사

톱 클래스—정상급, 최고

통감하다—뼈저리게 느끼다

통산하다—합하다, 통틀어 계산하다

통상—보통

통용—두루 쓰임

통지하다(통첩하다)—알리다

통찰하다—살피다

퇴거—옮김, 물러감

퇴색—빛이 바래다

퇴치하다—물리치다, 없애다

투숙하다—묵다

투신하다—몸담다, 뛰어들다

투입구—넣는 곳

투잡—겹벌이

툴바—도구 막대

트렁크—큰 가방, 짐가방

트레이드—선수 교환

트레이드 마크—등록 상표

트레킹—모험 여행

트릭—속임수

팀—편, 조

팁—봉사료


파고—파도의 높이

파급되는—미치는

파기하다—깨버리다, 없애다

파악하다—이해하다, 잘 알다

파워—힘, 권력

파워풀하다—힘차다, 힘세다

파종—씨 뿌림, 씨 뿌리기

파킹—주차, 주차장, 둠

파트너—협조자, 짝, 동료

파트 타임—시간제

파티—잔치, 연회, 모임

판독—읽어 내다

판매하다—팔다

판명되다—밝혀지다, 드러나다

판이하다—매우 다르다

팔레트—갤판

패널—토론자

패러다임—틀, 체계

패러독스—역설

패션—유행, 옷 맵시

패스—연결, 통과, 합격

패스워드—비밀 번호, 암호

패스하다—전하다, 건네다, 연계하
   다, 합격하다

패인—진 원인

패키지—짐, 포장, 묶음

팬—애호가

팬터마임—무언극

팸플릿—소책자, 작은 책자

팽배하다—맹렬히 일어나다

퍼즐—짜맞추기, 알아맞히기

퍼펙트 게임—완전 경기

퍼포먼스—공연

펀드—기금

펑크 나다—어기다, 무산되다

페달—발판, 디딜판

페스티벌—축전, 잔치

페이—보수, 급료

페이지—쪽, 면

펜션—고급 민박

편중하다(편중되다)—치우치다

폄훼—헐뜯고 깎아내리기

평일—보통날

폐기하다—버리다

폐쇄하다—닫다

포맷—양식, 체재, 구성, 서식

포상하다—상 주다

포스터—광고지, 알림 그림

포인트—득점, 효과, 강조

포즈—자세

포지션—위치, 자리, 지위

포착하다—잡다

포켓—주머니

폭락하다—(뚝) 떨어지다

폭주하다—밀리다, 쌓이다, 밀려들다

폴더—서류 묶음

폼—형식, 모양, 자태

표리—안팎, 겉과 속

표방하다—내걸다, 내세우다, 주장하
   다

표본—본보기

표출하다—나타내다

표피—겉껍질

풀타임—온 시간, 전 시간

품의서—건의서

풍문—뜬소문

풍부한—넉넉한, 많은

퓨전—융합, 혼합, 뒤섞기

프라이버시—사생활, 자기 생활

프라이빗 뱅킹—맞춤 은행

프라이팬—튀김판, 지짐판

프랜차이즈—연쇄점, 가맹점

프러포즈—제안, 청혼

프로 갬블러—직업 도박사

프로그램—계획표, 차례표

프로듀서—제작사, 연출자

프로젝트—일감, 연구 과제

프로필—인물 소개, 인물평

프롤로그—머리말

프리미엄—웃돈, 할증금, 덤, 기득권

프리뷰—시사회

프린터—인쇄기

플러그—연결꽂이, 꽂개

피검되다—붙잡히다

피견인차—끌려가는 차

피날레—마지막, 마무리

피납되다—납치되다

피력하다—말하다

피상적인—겉핥기의

피알—홍보, 광고

피어싱족—고리족

피차—서로

피켓—손팻말

피크—절정, 한창, 최고조

피트니스 센터—건강 센터

픽업되다—발탁되다

필시(필연)—반드시, 꼭, 틀림없이

필적하다—겨루다, 겨룰 만하다

필터—거르개, 여과기, 여과지

필하다—마치다, 끝내다

필히—꼭, 반드시


하구—강어귀

하구언—강어귀 둑

하기하다—아래에 쓰다/적다

하단—아래(쪽 끝)

하달하다—알리다

하마평—물망

하모니—조화

하여간—어쨌든, 하여튼, 어쨌든지

하이라이트—강조, 주요 부분

하이브리드—혼합형

하이킹—소풍, 도보 여행

하이픈—붙임표

하이힐—뾰족구두
하자—잘못, 흠
하중—무게, 짐무게
하프 코트—반코트
하프 타임—중간 휴식
한천—우무, 우뭇가사리
한파—추위
한해—추위 피해
할당—몫나누기, 배정
할애하다—나누다, 쪼개다
합당하다—알맞다
합병하다—합치다
합치하다—일치하다, 맞다
핫머니—단기 투기성 자금
핫이슈—관심사, 논점
핫팬츠—한뼘바지
항거하다—저항하다, 맞서다
항상, 항시—늘
항쟁—다툼
해갈—갈증을 풀어 버림
해독하기—읽어서 알아내기
해면—바다 표면, 바닷면
해소하다—풀다, 없애다
해수—바닷물

해커—헤살꾼, 무단 침입자
해킹—헤살짓, 무단 침입
해태—게으름, 태만
해태—김
해토—땅 풀림
해프닝—웃음거리, 우발 사건, 촌극
해후하다—우연히 만나다
핸드 브레이크—수동 멈춤 장치, 손
    제동 장치
핸드백—손가방
핸들—운전대
핸디캡—단점, 약점, 흠
핸섬하다—말쑥하다, 멋있다
행락—놀이
행려—떠돌이
향일성—빛따름성
향후—앞으로
허다하다—매우 많다
허스키—쉰 목소리
허위—거짓
헝그리정신—맨주먹정신
헤게모니—주도권
헤로인—(여)주인공
헤어스타일—머리 모양, 머리형

337

헬멧—안전모

헬스—운동

혁대—가죽띠, 허리띠

현시하다—나타내다

현실—무덤 안방

현재—지금, 오늘날

현존하는—현재 존재하는, 현재 있
　는

혈관—핏줄

혐오감—불쾌감

협소하다—좁다

협의—좁은 뜻

협잡—속임

협조—도움

형상—모양

호가하다—값을 부르다

호객—손님 부르기

호기—좋은 기회

호러 무비—공포 영화

호명하다—이름 부르다

호스—관

호언장담—큰소리

호전—나아짐

호출하다—불러내다, 부르다

호치키스—(종이)찍개

호칭하다—부르다

호텔리어—호텔 경영자, 호텔 종사
　자

호환하다—(서로)바꾸다

혹은—또는

혹자—어떤 이

혹한—된추위

혼식—섞어먹기

혼신의—온

혼연일체—한마음, 한뜻

혼재하다—섞어 싣다

혼탁—어지러움, 흐림

혼합하다—섞다

홀더—서류 끼우개, 서류 묶음

홈—첫 화면

홈쇼핑—안방 구매

홈스테이—민박

홈시어터—안방 극장

홈패션—집치레, 집 가꾸기, 집치장

홈페이지—둥지, 누리집

홍보하다— 널리 알리다

화급하다—다급하다, 몹시 급하다

화기—불

화물―짐

화분―꽃가루

화상 회의―영상 회의

화인―불난 원인, 화재 원인

화재 발생―불남

화폐―돈, 지폐

화환―꽃다발

화훼―꽃

화훼 단지―꽃 재배지

확고부동―끄떡없음

확대하다―넓히다, 늘리다

확산하다―퍼지다

확연히―뚜렷이

확장―넓힘

환급하다―되돌려주다, 지급하다

환기―공기 바꿈

환기하다―불러 일으키다

환매하다―되사다

환부―아픈 곳

환불하다―돌려주다, (돈을) 되돌려
　주다

환산하다―바꾸어 계산하다

환송하다―돌려 보내다

환수하다―되거두다, 거두어 들이다

환승역―갈아타는 역

환승하다―갈아타다

환언하면―바꾸어 말하면

회개하다―뉘우치다

회고하다―돌아보다

회귀―돌아옴

회동(회합)―모임

회람―돌려보기

회수하다―되거두다, 돌려받다

회신하다―보내다, 답 보내다

획득하다―얻다

획일―한결같음

횡단보도―건너는 길

횡단로―건널목

횡령하다―가로채다

효시―시초

효용―쓰임, 효과

후견인―돌볼 이, 돌볼 사람

후덕―도타운 덕

후라이―튀김, 부침

후문―뒷얘기

후앙―환풍기, 송풍기

훅―고리 바늘

훈계하다―타이르다

훈방하다—타일러 놓아주다
훈시—말씀
훼손—못 쓰게 함, 망가짐, 손상됨
휠체어—걸상차
휴게소—쉬는 곳
휴대폰—휴대 전화
휴대품—들고 온 짐, 지닌 물건
휴대하다—가지다, 지니다
휴머니즘—인본주의
휴머니티—인성, 인간성, 인간애
휴먼 드라마—인간 드라마
휴일—쉬는 날
휴지하다—쉬다, 머물다, 그만두다
휴한지—노는 땅, 쉬는 땅
흑판—칠판
흔연히, 흔쾌히—기꺼이
흡사하다—비슷하다, 거의 같다
흡연—담배 피움
흡입—빨아들임
희비—기쁨과 슬픔
히든 카드—숨긴 패, 비책
히야시하다—차게 하다
히터—난로, 따스개, 난방기
히터선—열선

히트—적중, 치기
히트 상품—인기 상품
히트하다—적중하다, 들어맞다
힌트—귀띔, 암시, 슬기, 도움말
힐책—꾸짖음

# 찾아보기

341

344

347

글 잘 쓰기 위한
## 쉬운 맞춤법

이정란 지음

2009년 8월 13일 초판 1쇄 인쇄
2009년 8월 17일 초판 1쇄 발행

**펴낸이** 마복남 | **펴낸곳** 버들미디어 | **등록** 제 10-1422호
**주소** 서울시 마포구 합정동 359-27
**전화** (02)338-6165 | 팩스(02)323-6166
E-mail : bba666@naver.com

ISBN  978-89-86982-43-5  93710